MANIPOLAZIONE MENTALE 2.0

IMPARA I TRUCCHI DELLA MANIPOLAZIONE MENTALE, LA PERSUASIONE, IL CONTROLLO PSICOLOGICO, I GIOCHI MENTALI, L'IPNOTISMO, IL LAVAGGIO DEL CERVELLO E ALTRI SEGRETI

FILIPPO DOMINI

INDICE

BONUS

Prima di iniziare la lettura, clicca sul link qui sotto oppure scansiona il QRCODE per scaricare una guida gratuita sui:
"*7 segreti della manipolazione mentale*".
Una breve guida gratuita per migliorare le tue skill di manipolazione psicologica.

https://www.migliorilibriitaliani.com/filippo-domini/

INTRODUZIONE

"Manipolazione della mente":

Il controllo mentale è anche conosciuto come manipolazione, riforma del pensiero, lavaggio del cervello, controllo mentale, persuasione coercitiva, controllo coercitivo, uso maligno delle dinamiche di gruppo, e molti altri. Il fatto che ci siano così tanti nomi indica una mancanza di accordo che permette di creare confusione e distorsione (soprattutto da parte di coloro che lo usano di nascosto a proprio vantaggio!)

Concordiamo sul fatto che **il controllo della mente è sotto l'ombrello della persuasione e dell'influenza** - come cambiare le credenze e i comportamenti delle persone.

Alcuni sosterranno che tutto è manipolazione. Tuttavia, dicendo questo, si perdono importanti distinzioni. È molto **più utile pensare all'influenza come a un continuum**. Da un lato abbiamo influenze etiche e rispettose che rispettano l'individuo e i suoi diritti. Dall'altro lato abbiamo influenze distruttive che spogliano la persona della sua identità, della sua indipendenza e della sua capacità di pensare in modo critico o logico.

È a questo scopo che troviamo culti e sette distruttive. Questi gruppi usano l'inganno e le tattiche di controllo mentale per sfruttare le debolezze, così come i punti di forza, dei membri, per soddisfare i bisogni e i desideri dei leader delle sette stesse.

Un **culto individuale** è una relazione intima in cui una persona abusa del suo potere di manipolare e sfruttare l'altra, ad esempio, insegnante/studente, terapeuta/cliente, pastore/addetto, moglie/moglie/marito. Questa relazione cultuale è una versione dei gruppi più grandi, e può essere ancora più distruttiva perché tutto il tempo e l'attenzione sono diretti verso una sola persona.

COS'È IL CONTROLLO DELLA MENTE?

È MEGLIO PENSARLO come **un sistema di influenze che scompagina in modo significativo un individuo** al suo stesso nucleo, **al livello della sua identità** (i suoi valori, le sue convinzioni, le sue preferenze, le sue decisioni, i suoi comportamenti, le sue relazioni, etc.) creando una nuova pseudo-identità o pseudopersonalità.

Naturalmente può essere usato in modi benefici, per esempio con i tossicodipendenti, ma qui stiamo parlando di situazioni che sono intrinsecamente cattive o non etiche.

Lo psicologo Philip Zimbardo afferma che il controllo della mente è un "**processo attraverso il quale la libertà di scelta e di azione individuale o collettiva è compromessa da agenti o agenzie che modificano o distorcono la percezione, la motivazione, l'influenza, la cognizione e/o i risultati comportamentali**" e suggerisce che tutti sono suscettibili a tale manipolazione.

Non è un antico mistero noto a pochi eletti, **è una combinazione di parole e pressioni di gruppo**, confezionata in modo tale da permettere a un manipolatore di creare dipendenza nei suoi seguaci, prendendo le loro decisioni per loro e permettendo loro di pensare di essere indipendenti e liberi di decidere. **La persona che è controllata dalla mente non è consapevole del processo di influenza, né dei cambiamenti che avvengono al suo interno.**

DISTINZIONI IMPORTANTI!

Ci sono alcuni punti importanti che devono essere chiariti.

Prima di tutto, è **un processo sottile e insidioso**. Sottile, nel senso che **l'individuo non è consapevole della portata dell'influenza che gli** viene imposta. In questo modo, con il passare del tempo, fa piccoli cambiamenti, credendo di prendere decisioni per se stesso, quando, in realtà, **tutte le decisioni sono prese per loro**. Insidiosi, perché è destinato a intrappolare e a fare del male.

Ed è un processo, nel senso che **non avviene in un istante**. Ci vuole tempo, anche se la durata dipenderà da fattori quali i metodi utilizzati, l'abilità del manipolatore, la durata dell'esposizione alle tecniche e altri fattori sociali e personali. Al giorno d'oggi i manipolatori sono sufficientemente abili da poterlo fare in poche ore.

C'è di mezzo la forza. **Può esserci o non esserci forza fisica**, ma c'è sicuramente una forza psicologica e sociale e una pressione.

CONTROLLO MENTALE CONTRO IL LAVAGGIO DEL CERVELLO

STEVE HASSAN FA un'interessante distinzione tra controllo mentale e lavaggio del cervello. Dice che nel lavaggio del cervello la vittima sa che l'aggressore è un nemico. Ad esempio, i prigionieri di guerra sanno che la persona che fa il lavaggio del cervello e/o la tortura è un nemico e spesso capiscono che rimanere in vita dipende dal cambiamento del loro sistema di credenze. Sono costretti, spesso con la forza fisica, a fare cose che normalmente non farebbero. Tuttavia, quando la vittima sfugge all'influenza del nemico, gli effetti del lavaggio del cervello spesso scompaiono.

Il controllo della mente è più sottile e sofisticato perché **la persona che fa le manipolazioni è spesso considerata un amico** o un insegnante, quindi la vittima non cerca di difendersi. In realtà, **può essere un partecipante "volenteroso"** e, credendo che il manipolatore abbia in mente i suoi interessi, spesso **fornisce volontariamente informazioni private, che vengono poi usate contro di lui** per continuare il controllo mentale.

Questo rende il controllo della mente pericoloso, se non di più, della coercizione fisica. In altre parole, può essere ancora più efficace della tortura, dell'abuso fisico, della droga, ecc.

Vale la pena di ripeterlo. Nel controllo della mente, può non esserci coercizione fisica o violenza, ma **in realtà può essere molto più efficace** nel controllare una persona.

Questo perché la coercizione può cambiare il comportamento, ma la persuasione coercitiva (controllo della mente) cambierà le credenze, gli atteggiamenti, i processi di pensiero e il comportamento (fondamentalmente un cambiamento di personalità). E la "vittima" partecipa felicemente e attivamente ai cambiamenti, credendo che sia meglio per loro!

Quindi, in seguito, accettare che qualcuno di cui si fidavano e che gli piaceva li abbia ingannati e manipolati è molto difficile, ed è uno dei motivi per cui non è facile per le persone riconoscere il controllo della mente. Anche quando la vittima è libera dall'influenza della personalità manipolatrice, **gli atteggiamenti, le convinzioni e i comportamenti persistono**, in gran parte perché la vittima crede di aver preso queste decisioni da sola (gli effetti delle decisioni che prendiamo noi stessi sono più forti e duraturi di quelli che sappiamo di essere stati spinti a prendere), e in parte perché la persona non vuole ammettere di essere stata manipolata a sua insaputa, non vuole credere di essere stata ingannata da un "amico".

UNA PISTOLA ALLA TESTA

I MANIPOLATORI AMANO DIRE che nessuno punta una pistola alla testa della persona manipolata, e questo è potente in due modi. Per l'estraneo **che non capisce il controllo della mente,** è difficile discutere.

Per la persona manipolata, sanno che questo è vero. Nessuno gli ha puntato una pistola alla testa, e questo rafforza l'idea che hanno deciso da soli. E le decisioni che abbiamo preso noi stessi sono molto più potenti e gli effetti durano più a lungo, quindi spinge ulteriormente la persona manipolata più in profondità nella realtà creata dal controllo della mente.

CHI LA USA?

CHI USEREBBE QUESTE TECNICHE, distruggendo la vita degli altri per i propri benefici egoistici? O manipolare gli altri semplicemente perché possono o perché vogliono il controllo? La risposta è psicopatici, o sociopatici, e narcisisti. Probabilmente la stragrande maggioranza degli uomini e delle donne estremamente manipolatori che usano il controllo della mente rientra nel profilo di uno psicopatico o di un narcisista. E la ragione per cui possono farlo è perché non hanno una coscienza!

Poiché la gente non sa cosa sia esattamente uno psicopatico o un narcisista, il manipolatore è spesso chiamato in qualcos'altro, una moglie violenta o una moglie che controlla o un marito che controlla, un fidanzato geloso, un uomo verbalmente violento o un capo molto severo. Un esame più attento rivela spesso che queste persone hanno un disturbo della personalità.

6

SUSCETTIBILITÀ

Ogni persona è suscettibile.**Compreso te!**

È un mito che solo le persone deboli e vulnerabili sono suscettibili, o che c'è qualcosa di sbagliato in loro. Infatti, la convinzione che **"non mi sarebbe mai successo" rende una persona particolarmente suscettibile** agli strumenti di controllo della mente, perché non è alla ricerca di loro!

Il modo migliore per proteggersi dall'essere reclutati da una setta (è un mito che le persone si uniscono alle sette, vengono effettivamente reclutate) e dall'essere sottoposti al controllo della mente è capire come funziona una setta e le tattiche della setta che vengono usate per attrarre e mantenere i membri.

Per esempio, Robert Cialdini ha descritto sei principi d'influenza che egli descrive come armi d'influenza. Sembra che questi funzionino in tutte le società del mondo e che siano effettivamente utili per permettere alla società di rimanere stabile e di prosperare. Egli parla di reciprocità, impegno e coerenza,riprova sociale, gradevolezza, autorità e scarsità. Le chiama armi d'influenza perché lavorano al di fuori della consapevolezza della maggior parte delle persone e per questo motivo i culti ne approfittano per manipolare e influenzare i loro membri.

ESPERTI DI CULTO

LA PSICOLOGIA delle sette è stata studiata da vari esperti di culto e, mentre molti hanno le loro descrizioni e i loro modelli di come questi gruppi funzionano, ci sono molte somiglianze.

Robert Lifton, che originariamente ha coniato il termine "riforma del pensiero" dopo aver studiato i prigionieri di guerra americani in Cina, descrive i suoi otto principi che sono presenti in un programma di riforma del pensiero, come nei culti distruttivi.

Steven Hassan, un ex membro di una setta distruttiva, ha un suo sistema a quattro punti che descrive in modo approfondito nel suo libro Combatting Cult Mind Control. Egli spiega come i culti pericolosi usano tattiche di controllo mentale per cambiare l'identità dei membri controllando i Comportamenti, le **Emozioni** e i Pensieri dei suoi membri e come aumenta ulteriormente la sua influenza limitando anche l'accesso alle Informazioni (il suo modello BITE).

Margaret Singer nel suo libro Cults In Our Midst descrive il suo sistema a sei punti, dove

- la persona non sa che esiste un sistema che la controlla,
- il loro tempo e il loro ambiente sono controllati,
- sono resi spaventati e dipendenti,

- i comportamenti e gli atteggiamenti precedenti sono repressi,
- vengono installati nuovi comportamenti e atteggiamenti e
- ad essi viene presentata una dottrina che in realtà ha una logica chiusa.

FATTORI CHE INFLUENZANO L'EFFICACIA

GLI EFFETTI distruttivi del controllo della mente sono proporzionali a:

- le tecniche utilizzate
- il numero di tecniche
- se c'è ipnosi e / o il controllo della mente ipnotico utilizzato,
- quanto spesso la persona vi è esposta e per quanto tempo
- quanto sono vicini al leader della setta, quanto sono in contatto diretto
- l'abilità del manipolatore
- quanta esposizione al mondo esterno è consentita
- presenza di abuso sessuale
- se il membro continua ad avere il sostegno della famiglia e degli amici.

Per esempio, una persona che ha vissuto e lavorato in un ambiente di culto per 5 anni in cui i membri vivono insieme, che raramente lascia il complesso del gruppo e che ha contatti frequenti e diretti con il leader della setta, avrà sofferto molto di più per gli effetti del controllo della setta rispetto a qualcuno che frequenta una lezione di 2 ore tenuta dal leader della setta una volta alla settimana per 2 mesi.

Nei culti uno contro uno, in una relazione intima con un sociopatico, per esempio, in una situazione di marito e moglie, dove **tutta l'attenzione è rivolta a una sola vittima**, i risultati possono essere molto inquietanti. Trauma complesso è il termine che oggi si usa per descrivere ciò che accade ai bambini cresciuti da genitori psicopatici o narcisisti.

Leggi i segni di abuso mentale, incontri e violenza, prevenire la violenza degli incontri, la guarigione dall'abuso emotivo e dall'abuso terapeutico.

COSA C'ENTRA QUESTO CON IL PROCESSO DECISIONALE?

I MEMBRI della setta e le persone che hanno rapporti abusivi credono tipicamente di aver preso le proprie decisioni e continuano a farlo - anche quando agli estranei le loro convinzioni e la loro logica sembrano molto strane e quasi irreali! Ma la **loro volontà, il loro libero arbitrio, è stato fortemente limitato**. I membri del culto sono stati portati a credere a ogni sorta di cose, che fanno parte di un gruppo d'élite, che hanno informazioni speciali o importanti che possono cambiare o salvare il mondo, che il loro leader è impeccabile, che le loro famiglie sono cattive/malvagie/malvagie che li trattengono, che non saranno in grado di sopravvivere al di fuori del gruppo, tra le altre cose.

Se avete un membro della famiglia o un amico in una setta, riconoscerete alcune di queste cose!

Ricordate che il controllo della mente (a volte indicato come controllo coercitivo) è un processo e che **i membri della setta hanno raggiunto il punto in cui sono un passo alla volta.** La loro **realtà è stata spostata a** causa della loro appartenenza al gruppo, e all'interno di questa realtà credono di prendere le proprie decisioni, anche se queste decisioni sono spesso progettate per tenerli intrappolati nel gruppo.

Anche quando si trovano di fronte a contraddizioni, irragionevolezza e incongruenze in ciò che dicono e fanno, spesso sostengono di mantenere intatti i loro sistemi di credenza, proprio perché credono di aver scelto e di aver preso le proprie decisioni in merito. E infatti, nella loro nuova realtà imposta, molto spesso non **ci sono contraddizioni o incongruenze** per loro! (Ricordate che le loro capacità di pensiero critico sono state represse).

UN PROBLEMA CRESCENTE

Con lo stato del mondo così com'è oggi, sembra che sempre più persone si rivolgano a idee fondamentaliste per cercare di trovare l'ordine o la sicurezza nel caos di oggi. Ciò significa che sono più suscettibili di essere reclutate dai culti perché i culti offrono soluzioni semplici ai difficili problemi della vita.

I sette tendono a prosperare in tempi difficili, sia che il gruppo si basi sulla religione, la politica, la finanza (fare soldi), il fitness, ad esempio i culti dello yoga, la salute o lo sviluppo personale.

Sembra anche che oggi si facciano sempre più film di culto, e questo non significa film con un seguito di culto. Ci sono sempre più film sul controllo della mente, culti distruttivi e psicopatici, se sai cosa stai cercando!

Qui sei con un blog, un prodotto o un'opera di carità che credi possa cambiare il mondo, eppure non importa quanto tu sia entusiasta delle possibilità, non importa quanta fiducia hai in te stesso, non puoi fare a meno di essere preoccupato:

- Se chiedete un link ad un popolare blogger, riceverete una risposta?
- Se chiedete a un partner di inviare un'offerta di prodotti via e-mail alla sua lista, sarà d'accordo?
- Se chiedete una donazione a un amico, vi firmerà un assegno?

Non lo sai. Non *puoi* saperlo. E ti dà fastidio.

Non sarebbe più facile se potessi chiudere gli occhi, entrare nella loro mente e prendere il controllo?

Si'. Peccato che non sia possibile ...

Oppure no?

UNA BREVE INTRODUZIONE AL CONTROLLO MENTALE

Sɪ ᴅà il caso che il controllo della mente sia possibile. Più o meno.

No, non potete trasformare i vostri clienti, partner e suoceri in zombie senza cervello, ma *potete* influenzarli.

In effetti, c'è una scienza in questo.

Negli anni '80, un ricercatore di nome Dr. Robert Cialdini ha scritto un libro intitolato *Influenza: La psicologia della persuasione*. Egli ha delineato diversi principi scientificamente provati per influenzare le persone, così come suggerimenti su come farlo.

Da allora, è diventato forse il libro più importante nel campo del marketing. Se non l'avete letto, dovreste leggerlo, così come il seguito.

Ecco la cattiva notizia:

Il controllo della mente non riguarda i poteri magici, le arti arcane, o anche la *rasatura della testa e il galoppo sulla sedia a rotelle* (anche se sono stato tentato). La verità è che si tratta di qualcosa che rende schizzinosa molta gente: *il marketing.*

12

———————————

LA VERITÀ SUL MARKETING

IL NUCLEO del marketing non è la profilazione dei clienti o la segmentazione del mercato o qualsiasi altra complicata assurdità insegnata nella maggior parte delle scuole di business.

È infinitamente più semplice di così, e può essere racchiuso in una sola parola:

Sì.

Chiedi un link a un blogger e lui ti risponde: "Sì". Chiedete a un partner di promuovere il vostro prodotto e loro vi rispondono: "Sì". Chiedi a un cliente una testimonianza e lui ti risponde: "Sì".

Se ottieni abbastanza sì, il tuo blog / business / carità ha successo. Se non lo fai, fallisce. È così semplice, eppure così pochi di noi sanno come fare.

La buona notizia?

Si può imparare.

Quella che segue è una guida per il controllo della mente. Utilizzate queste sette strategie con saggezza.

PENSARE PER LORO

IL PEGGIOR ERRORE che si può fare quando si chiede a qualcuno di fare qualcosa è dirgli: "Pensaci su".

Ecco perché: *la gente ha già troppo a cui pensare.*

Tra il loro lavoro, la loro famiglia, i loro hobby e i loro amici, la loro mente è già piena, come una valigia che si gonfia ai lati. Aggiungete un altro calzino e il tutto esploderà.

Per evitarlo, si "dimenticano" di cose che non sono molto importanti per loro, o se pensano a te, non ci pensano molto. Non è perché sono pigri o stupidi. Sono solo occupati, e tu probabilmente non sei molto in cima alla lista delle priorità.

E quindi la strategia migliore è quella di *non* chiedere loro di pensare.

Fallo per loro.

- Invece di aspettarsi che vedano come il vostro post sul blog possa essere utile al loro pubblico, spiegatelo e offrite esempi di post simili che hanno funzionato bene in passato.
- Invece di chiedere loro di ospitare un webinar per voi, impostate voi stessi il webinar, le landing page e le email e inviatele come parte del vostro pitch

- Invece di supplicare un cliente di scrivere una testimonianza da zero, inviategli una dozzina di esempi diversi da usare come guida

Sii specifico. Spiega il tuo ragionamento. Offrire una prova. Dite loro cosa fare e perché.

Se lo fai bene, non ti sembrerà affatto di chiedere. Sarà più che altro un consiglio.

E loro diranno di sì. Non per i poteri magici di persuasione, ma perché hai pensato a tutto, ed è una sciocchezza.

14

____

PROVOCARE UNA VALANGA

CREARE una campagna di marketing di successo è molto simile ad una valanga.

Prima si sale sulla montagna, e poi si trova il masso più grande in cima, e poi si suda e si grugnisce e ci si sforza per spingere il masso, e poi ci si siede e si guarda allegramente mentre il masso va a sbattere contro altri massi, portando alla fine tutto il lato della montagna verso il basso.

La lezione?

Il primo grande sì è una rottura di palle da ottenere, ma se lo si ottiene dalla persona giusta, allora ottenere tutti i successivi sì è facile.

Per esempio:

- Trovare un blogger popolare che twitta il tuo post è difficile, ma una volta che lo fa, decine o forse anche centinaia di persone lo "ritweetteranno"
- Convincere un leader nella vostra nicchia a promuovere il vostro prodotto è difficile, ma una volta fatto, anche tutti gli altri vorranno promuoverlo
- Convincere un cliente famoso a darvi una testimonianza

può essere difficile, ma una volta fatto, le vendite salgono
alle stelle, e ottenere ulteriori testimonianze è facile

Naturalmente, molti marketer raccomandano di adottare l'approccio opposto.

Ti dicono di cominciare dal basso e di lavorare in alto perché è più facile.

Ma in realtà è solo un'illusione. Sì, spingere su una piccola roccia è più facile che spingere su un masso, ma il masso ha molte più probabilità di causare una valanga. Quindi, anche se all'inizio è più faticoso convincere i migliori ad aiutarti, a lungo andare è in realtà meno faticoso, e i risultati sono molto, molto più grandi.

DATEGLI UN MANO, PRENDERANNO UN BRACCIO

PROBABILMENTE AVETE SENTITO L'ESPRESSIONE: "Dategli un mano e si prenderanno un braccio", vero?

Dovrebbe essere dispregiativo. Dovrebbe essere un avvertimento contro l'acquiescenza. Dovrebbe proteggervi dal rischio di essere sfruttati.

Ma è anche un ottimo marketing.

Quando si chiede qualcosa, non cominciare mai a chiedere tutto in anticipo. Cominciate invece in piccolo. Rendete facile l'inizio. Riducete il rischio se fallisce. Lasciate che vedano i risultati da soli.

E quando va bene, chiedete di più. E di più. E di più.

Si potrebbe pensare che non sia etico, ma se tutto va bene, *perché non* spingere per qualcosa di più? Non è una manipolazione. È buon senso.

Per esempio:

- Se volete scrivere un post per un blog popolare, iniziate a proporre l'idea in uno o due paragrafi, poi inviate loro una bozza, e poi scrivete la bozza completa del post
- Se volete fare una promozione JV con un leader nel vostro settore, iniziate chiedendogli di inviare via email il vostro contenuto di lancio solo al 10% della loro lista, e a

più del 50% della loro lista, e poi al 100%, e poi una campagna di direct mail
- Se volete che i vostri clienti vi diano dei casi di studio, iniziate chiedendo un blurb di 1-3 frasi, poi chiedete una testimonianza di mezza pagina, e poi parlate di fare un webinar di due ore per approfondire il loro successo
- Non è un trucco psicologico o qualcosa del genere. È un affare intelligente. A nessuno piace rischiare tutto in anticipo, e offrendo livelli progressivi di impegno, le possibilità di fargli dire di sì vanno alle stelle.

AVERE SEMPRE UNA SCADENZA REALE

La parola chiave è "reale".

Tutti noi abbiamo avuto venditori che ci hanno detto: "Beh, è meglio che mi richiami in fretta, perché ho altre tre prospettive in arrivo questo pomeriggio, e non so quanto durerà". E' una stronzata, ovviamente.

Non ci sono clienti e non c'è alcuna urgenza. Il venditore è talmente disperato che è disposto a mentire, che non solo gli costa la vostra fiducia, ma probabilmente anche la vendita.

E non si tratta solo di venditori.

Quante volte altre persone ti hanno consegnato scadenze completamente artificiali, pensando che questo ti motiverà ad agire? I nostri insegnanti lo fanno, i nostri capi lo fanno, la nostra famiglia lo fa, e senza pensarci, probabilmente lo avete fatto anche voi.

Fermati.

Non solo è inefficace, ma è del tutto inutile. La vera urgenza è facile da creare. Con un po' di pensiero, lo si può inserire nel proprio marketing. Per esempio:

- Invece di lasciare un rapporto gratuito sul vostro blog per sempre, dite a tutti che sarà disponibile solo per sette giorni, e poi inizierete a farvi pagare 7 dollari. Non solo

otterrete molti più download, ma altri blogger saranno
molto più propensi a promuoverlo durante la finestra

- Invece di lasciare che siano i partner della JV a dettare
  quando promuovere il vostro prodotto, programmare un
  lancio, annunciarlo alla vostra lista e poi inoltrare
  l'annuncio ai partner, invitandoli a partecipare.
- Invece di chiedere ai clienti delle testimonianze ogni
  volta che ne hanno voglia, mostrate loro la tempistica di
  un prossimo lancio, compresa una data specifica per
  l'invio delle testimonianze. Ne avete bisogno per allora, o
  non sarete in grado di includerla

Alcuni di loro si piegheranno, dicendo che sono troppo occupati
in questo momento, e ti prenderanno la prossima volta?

Certo, ma è meglio che non iniziare mai tutto. E se si lascia che
siano gli altri a dettare le linee temporali, è esattamente quello che
succederà.

DARE DIECI VOLTE DI PIÙ DI QUANTO SI PRENDE

Sai che devi dare prima di ottenere, vero? Ma quello che forse non sapete è *quanto* dare.

Molti marketer pensano erroneamente che sia un rapporto di 1:1.

Prima di chiedere un link, è necessario fornire un link. Prima di chiedere una promozione, dovreste dare una promozione. Prima di chiedere una testimonianza, dovreste fare una cosa che merita una testimonianza.

Ma questo è sbagliato. Gli esperti di marketing intelligenti usano un rapporto 10:1, e non solo in azione, ma anche nel *valore*:

- Se volete 100 visitatori, inviatene 1.000
- Se volete 1000 dollari in vendite di prodotti, vendete prima 10.000 dollari dei loro prodotti
- Se volete un solo testimonial, fate dieci diversi atti eroici di servizio al cliente degni di un testimonial

Non si tratta di "Tu mi gratti la schiena, io gratto la tua". Si tratta di una generosità così travolgente da *non poter* dire di no.

Sì, è un sacco di lavoro, ma questo è il prezzo dell'influenza.

DIFENDETE QUALCOSA PIÙ GRANDE DI VOI STESSI

IMMAGINATE che ci siano due senzatetto all'angolo di una strada.

Il primo tizio ha un normale e banale cartello che dice: "Risparmiate qualche dollaro? Dio vi benedica". Il secondo, invece, ha un segno molto più insolito: "Non posso permettermi di sfamare la mia famiglia, e questo mi sta facendo a pezzi. Per favore, aiutami, così posso smettere di sentirmi un padre così orribile".

Quale sarebbe più propenso ad aiutare? La seconda, giusto?

Dimentica di dargli qualche dollaro. Con un cartello come quello, lo porteresti al supermercato e gli compreresti 200 dollari di spesa. So che lo farei.

Questo è il potere di rappresentare qualcosa di più grande di te stesso. Fa sì che le persone *si preoccupino*.

E vale per tutto:

- Invece di scrivere l'ennesimo "come postare", *prendete posizione su una questione importante*, discutendo con passione e con una logica inattaccabile
- Invece di avviare l'ennesima attività di consulenza me-too, *create un movimento*, lavorando instancabilmente per cambiare la vita dei vostri clienti
- Invece di vendere l'ennesimo manuale passo dopo passo,

vendete una filosofia, piena di esempi eroici per ispirare i
vostri clienti

Questo è il tipo di cose di cui la gente vuole parlare. Si sentono
grati solo per aver avuto la possibilità di aiutarvi a diffondere la
parola.

SII SFRONTATO E COMPLETAMENTE SPUDORATO

Volete sapere cosa separa un grande marketer da uno mediocre?
Sfrontatezza.

Non mi riferisco a una mancanza di coscienza, a una personalità gregaria ed estroversa, o a qualsiasi altro modo in cui tradizionalmente guardiamo i marketer. Per la maggior parte, questi stereotipi sono miti.

No, per sfrontatezza, intendo questo:

Una convinzione incrollabile che ciò che si sta facendo è un bene per il mondo e la volontà di fare *qualsiasi cosa* per realizzarlo.

Quando credi nel tuo contenuto, non lo pubblichi e lo dimentichi. Lo promuovi giorno dopo giorno, settimana dopo settimana, mese dopo mese, anno dopo anno, lavorando instancabilmente per diffondere il messaggio a tutti coloro che hanno bisogno di ascoltarlo, e rifiutando di riposare finché non lo fanno.

Quando si crede nel proprio prodotto, non si rinuncia alle vendite. Ci si diverte. Non perché siete avidi o disperati o egoisti, ma perché sapete che il vostro prodotto li aiuterà, e quindi è vostro *dovere* farli comprare. Costi quel che costi.

Quando si crede nella propria carità, non si chiede l'elemosina per le donazioni. Le esigete. Afferrate le persone per le spalle, le guardate negli occhi e dite loro che quello che state facendo è cambiare il mondo, ed è ora che si facciano avanti e facciano la loro parte.

Non si tratta di soldi. Non si tratta di gloria. Non si tratta nemmeno di eredità.

Si tratta di innamorarsi. Si tratta di essere incantati. Si tratta di vedere una visione così bella che non puoi fare a meno di *lottare per renderla reale.*

Hai una visione del genere? Qualcosa per cui valga la pena alzarsi ogni giorno e *lottare?*

Se lo fai, puoi realizzare quasi tutto.

E se non lo fai, beh ...

Qual è il punto?

Le tattiche della Psicologia Oscura sono usate dalle persone intorno a noi ogni giorno per manipolarci, costringerci e influenzarci per ottenere ciò che vogliono. Le stai usando?

Solo oggi, prendete questo bestseller audio a un prezzo speciale.

La Dark Psychology è l'arte e la scienza della manipolazione e del controllo della mente. Mentre la Psicologia è lo studio del comportamento umano ed è centrale nei nostri pensieri, azioni e interazioni, il termine Psicologia Oscura è il fenomeno con cui le persone usano tattiche di motivazione, persuasione, manipolazione e coercizione per ottenere ciò che vogliono.

Le menti dominanti sembrano essere una parte comune del canone della fantascienza, un genere molto amato dai veri scienziati. Ma anche come qualcuno che ha trasformato il loro amore per Kurt Vonnegut, John Wyndham e H.G. Wells in una carriera da neuro-scienziato, non avevo considerato la telepatia una strada seria per la ricerca fino a poco tempo fa.

Ultimamente, nel mondo delle neuroscienze c'è stato molto clamore su una tecnologia chiamata "interfaccia cervello-computer", che è una rete elettrica che può inviare i segnali cerebrali di una persona ad un computer. A questo computer può essere insegnato a leggere questi segnali e ad usarli per eseguire una varietà di compiti. Per esempio, proprio l'anno scorso questo tipo di dispositivo è stato usato per registrare i segnali di movimento nel cervello di pazienti disabili affetti da ictus, inviando una corrente elettrica ad un esoscheletro della parte superiore del corpo che controllava gli arti della persona - permettendo a questi pazienti di riprendere il controllo delle loro mani e delle loro braccia.

Ma un altro tipo di interfaccia promettente che finora ha ricevuto meno attenzione è l'interfaccia cervello-cervello, o **BBI**. Un'interfaccia cervello-cervello registra i segnali nel cervello di una persona, e poi li invia attraverso un computer per trasmetterli al cervello di un'altra persona. Questo processo permette alla seconda persona di "leggere" la mente della prima o, in altre parole, di avere il suo fuoco cerebrale in uno schema simile a quello della persona originale.

Nel 2013, il primo studio in cui due cervelli sono stati uniti con successo per collaborare e completare un compito è stato pubblicato su *Scientific Reports. In* primo luogo, Miguel Pais-Vieira e i suoi colleghi hanno addestrato i ratti a svolgere un compito fondamentale: gli animali sono stati addestrati a premere una delle due leve, con la leva corretta segnalata da una luce. La scelta corretta ha dato loro accesso all'acqua. Una volta che i ratti sono riusciti a completare con successo questo compito quattro volte su cinque, sono stati assegnati come codificatore - quello che invia i segnali - o come decodificatore, quello che li riceve. I ratti codificatori sono stati impiantati chirurgicamente con fili di registrazione che misuravano l'attività nelle aree motorie del loro cervello, mentre i ratti codificatori sono stati impiantati con fili stimolanti nella stessa area. Ognuno è stato tenuto in un contenitore separato, e solo i topi codificatori sono stati mostrati il segnale luminoso sulle leve. Come i topi codificatore ha scelto una leva, i neuroni nel loro cervello ha iniziato a sparare.

Il **BBI** ha registrato questa attività, l'ha trasformata e l'ha usata per stimolare un modello equivalente nel cervello del ratto decodificatore. Il ratto decodificatore ha dovuto premere correttamente una leva basata su questa stimolazione. (L'acqua è stata data solo se entrambi gli animali hanno spinto con successo la leva giusta.) I ricercatori hanno scoperto che entrambi i ratti hanno spinto la leva corretta il 62 per cento del tempo, o più della probabilità del caso.

Nel giro di un anno, le applicazioni per questo tipo di dispositivi sono state oggetto di un'intensa attività. Nel novembre del 2014, il primo **BBI** in tempo reale per gli esseri umani è stato sviluppato da

Rajesh Rao e colleghi dell'Università di Washington. A differenza dei poveri topi, il dispositivo umano non era invasivo, il che significa che non era necessario un intervento chirurgico. Questo dispositivo ha trasferito i segnali di movimento dal codificatore direttamente all'area motoria del cervello del decodificatore, senza l'uso di un computer. Nello studio, Rao e il suo team hanno usato un elettroencefalogramma (EEG), mettendo dei fili di registrazione sul cuoio capelluto della persona che codifica. Poi gli scienziati hanno usato la stimolazione magnetica transcranica (TMS) sul cervello della persona decodificatrice, inviando piccoli impulsi magnetici attraverso il cranio per attivare una specifica regione del cervello. Questo ha fatto sì che la seconda persona intraprendesse l'azione che la prima persona intendeva fare, per esempio, premere un pulsante.

Il decodificatore non era cosciente del segnale che riceveva... Invece, la loro mano si muoveva semplicemente quando veniva stimolata, come se un burattinaio controllasse i loro arti.

Ma, per quanto suoni fico, c'era un grosso limite allo studio. Il decodificatore non era cosciente del segnale che riceveva. Non erano in grado di elaborare attivamente l'informazione neurale in entrata - il che significava che veniva trasferito solo il movimento, non il pensiero. Al contrario, la loro mano si muoveva semplicemente quando veniva stimolata, come se un burattinaio controllasse i loro arti.

Fortunatamente, uno studio che utilizza i BBI per trasferire le informazioni tra le persone rapidamente seguite. Gli stessi ricercatori dell'Università di Washington hanno poi progettato un gioco con coppie di partecipanti, simile a 20 Domande. Nel gioco, al codificatore è stato dato un oggetto che il decodificatore non conosceva. L'obiettivo era che il decodificatore indovinasse con successo l'oggetto attraverso una serie di domande sì o no. Ma, a differenza di quanto accadeva in 20 domande, il codificatore rispondeva guardando le luci LED lampeggianti, una che significava sì e l'altra no. La risposta visiva generata nel cervello del codificatore è stata trasmessa alle aree visive del cervello del decodificatore.

Per fare ciò, gli encoder hanno dovuto indossare un cappuccio per elettroencefalografia, o EEG cap, che utilizza elettrodi sul cuoio capelluto per rilevare l'attività cerebrale. Nel frattempo, i decodificatori avevano una stimolazione magnetica transcranica, o apparato TMS, posizionato sopra la loro area cerebrale corrispondente. Il TMS crea piccoli cambiamenti nel campo magnetico, che ha causato l'accensione dei neuroni simile a quella dei partecipanti al codificatore. In altre parole, se il codificatore diceva di sì, il decodificatore vedeva semplicemente un lampo di luce. I decodificatori sono stati in grado di indovinare con successo l'oggetto nel 72% dei giochi, rispetto a un tasso di successo del 18% senza il BBI. Questo suggerisce molte promesse per la trasmissione accurata delle informazioni tra due persone.

L'aspetto brillante di questo studio è stato che, generando il segnale trasmesso nelle aree visive del cervello, la persona che lo decodificava era coscientemente consapevole delle informazioni che le venivano date. Questo significava anche che il decodificatore doveva partecipare attivamente, cliccando un tasto sì o no. Inoltre, questo è stato il più grande studio del BBI, e anche il primo a includere partecipanti femminili.

Non possiamo ancora trasmettere idee complesse tra le persone, soprattutto perché non sappiamo ancora come il cervello codifica le idee complesse.

Ovviamente c'è ancora molta strada da fare prima di sapere di cosa può essere capace il BBI. Finora non siamo ancora in grado di trasmettere idee complesse tra le persone, soprattutto perché non sappiamo ancora come il cervello codifica le idee complesse. Per quanto strano possa sembrare, la scienza non è ancora in grado di spiegare la coscienza, o le particolari cellule cerebrali e i loro schemi di cottura che compongono ogni singolo pensiero. Questo è ciò che limita la possibilità di spingere questa tecnologia.

Tuttavia, questo settore della ricerca sta già sollevando questioni etiche. Dovremmo iniziare a conversare ora sulle implicazioni di questi dispositivi, prima che arrivino al punto di modificare pensieri complessi. Dobbiamo iniziare a pensare, ad esempio, a come possiamo progettare questa tecnologia per evitare che pensieri indesiderati ci entrino direttamente in testa.

Detto questo, questi dispositivi hanno chiaramente il potenziale per rivoluzionare il modo in cui comunichiamo e impariamo. C'è un numero sbalorditivo di applicazioni possibili: immaginate di proiettare idee in un ambiente educativo, di condividere direttamente i ricordi con gli altri, di sostituire del tutto il bisogno del telefono o di Internet, o anche, a breve termine, di usarlo per insegnare alle persone nuove abilità motorie durante la riabilitazione.

Finora, i BBI sono solo uno sviluppo davvero eccitante ma estremamente rudimentale nella neurotecnologia. Ma con il lancio di una nuova società da parte di Elon Musk, Neuralink, proprio l'anno scorso, con l'obiettivo di investigare e sviluppare questo tipo di dispositivi, chissà cosa potrebbe riservare il futuro?

CONTROLLO MENTALE: TI STA SUCCEDENDO PROPRIO ORA

LA TUA MENTE È CONTROLLATA DA estranei lontani che non hanno a cuore i tuoi interessi. Se ti sembra una fantasia paranoica, tieniti forte e continua a leggere. Questi sono i risultati di una serie di studi scientifici che mostrano come alcune istituzioni dominanti abbiano il potere di influenzare il tuo modo di sentire, di agire e persino di votare - senza che tu lo sappia mai.

La manipolazione deliberata della mente delle masse non è, di per sé, una novità. Quasi cento anni fa, la nostra mania globale di consumo è stata scatenata dalla malevola genialità di Edward Bernays, noto come il "padre delle pubbliche relazioni". Bernays era il nipote di Sigmund Freud e utilizzò le intuizioni di suo zio nel subconscio per sviluppare i suoi nuovi metodi di controllo della mente, progettati per creare il moderno consumatore americano.

Dobbiamo spostare l'America da una cultura dei bisogni a una cultura dei desideri", ha dichiarato il partner commerciale di Bernays, Paul Mazur. "Le persone devono essere addestrate a desiderare, a volere cose nuove, prima ancora che le vecchie siano state completamente consumate". Dobbiamo plasmare una nuova mentalità. I desideri dell'uomo devono mettere in ombra i suoi bisogni". Nel 1928 Bernays descriveva con orgoglio come le sue tecniche di manipolazione mentale avessero permesso a una piccola élite di controllare le menti della popolazione americana:

La manipolazione consapevole e intelligente delle abitudini e delle opinioni organizzate delle masse è un elemento importante nella società democratica. Coloro che manipolano questo invisibile meccanismo della società costituiscono un governo invisibile che è il vero potere dominante di questo paese. Siamo governati, le nostre menti plasmate, i nostri gusti formati, le nostre idee suggerite, in gran parte da uomini di cui non abbiamo mai sentito parlare... In quasi ogni atto della nostra vita quotidiana... siamo dominati dal numero relativamente piccolo di persone... che tirano i fili che controllano la mente pubblica.

Bernays ha messo in moto quello che tutti noi abbiamo conosciuto come una parte essenziale del nostro ecosistema capitalistico: l'uso dei mass media per promuovere ruoli, desideri e status symbol che rastrellano i profitti delle imprese. Le agghiaccianti parole di Wayne Chilicki, amministratore delegato della General Mills, dimostrano quanto fedelmente sia stata seguita la visione di Bernays: "Quando si tratta di prendere di mira i bambini, noi della General Mills seguiamo il modello Procter & Gamble di "dalla culla alla tomba". Noi crediamo nell'ottenerli in anticipo e nell'averli per tutta la vita".

Ciò che è cambiato è che una nuova generazione di controllori della mente sta usando le tecnologie in crescita del data mining e dei social media per iniettare il loro potere ancora più profondamente nella nostra mente di quanto i loro antenati potessero sognare. Un Bernays moderno di nome B.J. Fogg ha fondato un campo chiamato "captologia", derivato dall'acronimo CAPT o "Computers As Persuasive Technology". Presso lo Stanford Persuasive Tech Lab, dal nome minaccioso, insegna a studenti laureati appena coniati come usare la tecnologia per "cambiare gli atteggiamenti o i comportamenti delle persone".

I suoi insegnamenti hanno generato le interfacce delle nostre nuove routine quotidiane: i rintocchi dei nostri smartphone che distolgono l'attenzione, l'icona del pollice in alto sui nostri feed di notizie e le statistiche Like che ci dicono quanto siamo popolari oggi. Questi sono noti come "trigger caldi" che danno il via a cicli comportamentali nel nostro subconscio. Le app di successo, insegnano, sono quelle che innescano un bisogno momentaneo, e poi ci forniscono una soluzione immediata. La soluzione fa scattare una micro dose di endorfine nel nostro cervello. È una bella sensazione. Così, come topi su una ruota, ci ritroviamo a diventare dipendenti, a tornare indietro per averne di più.

Facebook ha costruito il suoimpero globale di 1,6 miliardi di utenti attivi su questa routine che crea dipendenza. Secondo uno degli studenti di Fogg, Nir Eyal, il fattore scatenante di Facebook è FOMO: la paura di perdersi. Gli umani si sono evoluti in gruppi di cacciatori-raccoglitori, dove la sopravvivenza significava far parte della comunità. L'ansia sociale di perdere ciò che i nostri amici stanno facendo nasce dal profondo del nostro sistema ormonale. Nel frattempo, come ha sottolineato la psicologa Sherry Turkle nel suo libro *Alone Together*, sacrifichiamo la nostra intimità fisica quotidiana con chi ci circonda concentrando l'attenzione sullo schermo nelle nostre mani. Questo è stato brillantemente catturato dall'artista Eric Pickerskill nella sua serie fotografica "Removed", che documenta la sensazione delle situazioni sociali quotidiane - dopo aver rimosso gli smartphone delle persone dalla foto.

Facebook ha fatto ricerche sull'estensione del suo potere sul nostro comportamento, manipolando i suoi stessi utenti come cavie. Il giorno delle elezioni del 2010, ha inviato promemoria "Esci e vota" a più di 60 milioni di utenti, provocando circa 340.000 persone che altrimenti non avrebbero votato. Se scegliesse di inviare questi promemoria ai sostenitori di un particolare partito o candidato, potrebbe facilmente capovolgere un'elezione senza che nessuno lo sappia. Secondo la legge attuale, non dovrebbe dire a nessuno cosa sta facendo. In un altro esperimento, che ha causato una protesta pubblica, Facebook ha manipolato con successo lo stato emotivo di 689.000 utenti inviando loro un eccesso di termini positivi o negativi nei loro news feed.

Il controllo della mente non si ferma ai social media. Credete nella vostra autonomia quando fate ricerche accurate su un argomento e usate Google per cercare qualcosa? Ripensateci. Lo psicologo Robert Epstein ha scoperto l'enorme potere subliminale di quello che lui stesso ha chiamato l'Effetto di Manipolazione dei Motori di Ricerca, o SEME.

Questo effetto si basa sul fatto che quando effettuiamo una ricerca, clicchiamo la metà del tempo su uno dei primi due risultati, e più del 90% dei nostri clic si trovano nei primi dieci link elencati nella prima pagina. Potrebbero esserci migliaia di altre pagine web che contengono le nostre parole chiave, ma è Google a decidere quali leggere.

Epstein e il suo socio Ronald Robertson volevano verificare se SEME poteva influire sul modo in cui la gente decideva di votare in un'elezione. Hanno chiesto a un campione di americani di fare una ricerca sui candidati per un'elezione australiana (per ridurre al minimo i preconcetti sui candidati) usando il loro motore di ricerca fasullo, "Kadoodle". Hanno diviso a caso gli "elettori" campione in tre gruppi, e hanno servito gli stessi risultati a ciascun gruppo. L'unica differenza era l'ordine dei risultati: i risultati di un gruppo favorivano un candidato, quelli di un altro gruppo favorivano il candidato avversario e il terzo gruppo vedeva risultati che non favorivano nessuno dei due candidati.

I risultati sono stati sconcertanti. La percentuale di persone a favore del candidato "favorito" di Kadoodle è aumentata del 48%. In modo preoccupante, i tre quarti delle persone nei gruppi manipolati erano completamente ignari di qualsiasi pregiudizio nei loro risultati di ricerca. Nel gruppo di controllo "neutrale" non c'è stato alcun significativo spostamento di opinione.

Da allora, hanno replicato questi risultati in test più ampi condotti in tutti gli Stati Uniti. Hanno scoperto che, utilizzando tecniche semplici, possono mascherare la manipolazione in modo che praticamente nessuno si renda conto di vedere classifiche di parte. Nel 2014, hanno portato i loro test in India durante le elezioni per il primo ministro, dove la gente aveva già molta familiarità con i candidati. Nonostante ciò, sono stati in grado di spostare la percentuale di persone che favoriscono un candidato scelto del 20%, con il 99,5% delle persone che non mostrano alcuna consapevolezza di essere state manipolate.

In molti paesi del mondo, compresi gli Stati Uniti, Google ha il monopolio delle ricerche su Internet. L'attività di search-ranking non è assolutamente regolamentata e i tribunali hanno stabilito che il diritto di Google di classificare i risultati delle ricerche come meglio crede è protetto come forma di libertà di parola. Se Google scegliesse di far oscillare le elezioni negli Stati Uniti, probabilmente potrebbe farlo senza che nessuno lo sappia.

Farebbero una cosa del genere? Si è scoperto che Eric Schmidt, il presidente esecutivo della casa madre di Google, ha finanziato una società semisegreta, The Groundwork, per fornire a Hillary Clinton il talento ingegneristico di cui ha bisogno per vincere le elezioni, spingendo il fondatore di Wikileaks Julian Assange a chiamare Google "l'arma segreta di Hillary". Nel frattempo, Hillary ha assunto un dirigente di Google da molto tempo come suo direttore tecnico. Se Google stesse dando priorità ai risultati di ricerca pro-Hillary rispetto a quelli a favore di Bernie Sanders, non lo sapremmo mai.

L'economista britannico Kenneth Boulding una volta ha avvertito: "È concepibile un mondo di dittatura invisibile, utilizzando ancora le forme di governo democratico". Quindi decidete: la vostra mente viene manipolata?

Finché questi influenti invisibili non saranno meglio regolati, ci sono ancora alcune cose che possiamo fare per proteggerci dal loro controllo mentale. Un'idea, suggerita dal leader del pensiero tecnologico Jaron Lanier, è quella di indagare il vostro rapporto con i social media e riprendervi il potere di scegliere conducendo i vostri esperimenti. Passate consapevolmente attraverso periodi di completo disimpegno dai social media - un giorno, una settimana o un mese - e notate come ci si sente. Quanto forte e quanto frequente è stato l'impulso a ricollegarsi? Vi è sfuggito qualcosa? È emerso qualcosa di positivo al loro posto?

Un'altra idea è quella di conoscere le fonti delle nostre notizie. Notate in che misura vivete in un silo di informazioni. Prendete l'abitudine di controllare regolarmente i siti web delle fonti di notizie al di fuori della vostra zona di comfort ideologico. Quando effettuate una ricerca su Google, consultate ciò che è elencato due o tre pagine più in basso e, occasionalmente, provate un motore di ricerca alternativo per un controllo della realtà. DuckDuckGo è un motore che non tiene traccia della vostra attività, il che significa che otterrete un risultato più neutrale.

Infine, possiamo usare la consapevolezza che le nostre menti vengono manipolate per scavare più a fondo negli schemi di pensiero che la nostra cultura ci ha instillato fin dall'infanzia. Quali idee diamo per scontate che sono in realtà costruzioni della macchina globale del profitto aziendale? Quali credenze implicite abbiamo sul mondo che sono solo il risultato di un profondo indottrinamento culturale? I

COMPRENDERE IL CONTROLLO MENTALE MANIPOLATIVO E COSA FARE AL RIGUARDO

Questo articolo affronta il tema dell'abuso psicologico e del perché le vittime/bersaglio possono essere manipolate e controllate mentalmente da narcisisti e sociopatici (psicopatici generali) e cosa si può fare quando ciò accade. Questo avviene nelle famiglie con genitori narcisisti, e nei casi di **alienazione dei** genitori, dove un genitore usa il bambino come arma psicologica per abusare dell'altro genitore.

Il controllo della mente può avvenire in qualsiasi sistema che coinvolge le persone, come nelle chiese, sul posto di lavoro e nelle famiglie.

Sopra, in questo libro, abbiamo parlato della manipolazione psicologica nelle relazioni interpersonali, abbiamo definito la differenza tra manipolatore e influencer, abbiamo menzionato alcuni fattori di rischio o pulsanti emotivi che ti rendono più suscettibile alla manipolazione, così come alcuni segni e sintomi che si è in relazione emotivamente abusiva. In questa sezione parleremo di alcune tecniche di controllo mentale reale che sono state tradizionalmente usate non solo dalle persone comuni nelle relazioni interpersonali ma anche nei gruppi.

Isolamento

L' isolamento fisico può essere molto potente, ma anche quando l'isolamento fisico è impossibile o non pratico, i manipolatori tenteranno di isolarvi mentalmente. Questo può essere ottenuto in diversi modi, da seminari di una settimana nel paese a criticare la vostra famiglia e la vostra cerchia di amici. Limitare qualsiasi altra influenza controllando il flusso di informazioni è l'obiettivo finale.

Critica

La critica può essere usata come strumento di isolamento. I manipolatori di solito parlano in termini di "noi contro di loro", criticano il mondo esterno e rivendicano la propria superiorità. Secondo loro, bisogna sentirsi fortunati ad essere associati a loro.

Riprova sociale e pressione dei pari

Chi tenta di manipolare grandi gruppi di persone usa di solito la riprova sociale e la pressione dei pari per fare il lavaggio del cervello ai nuovi arrivati. La riprova sociale è un fenomeno psicologico in cui (alcune) persone assumono che le azioni e le convinzioni degli altri siano appropriate e, poiché "tutti lo fanno", devono essere giustificate. Questo funziona particolarmente bene quando un individuo non è sicuro di cosa pensare, come comportarsi o cosa fare. Molte persone in queste situazioni si limitano a guardare quello che fanno gli altri e fanno lo stesso.

Paura dell'alienazione

I nuovi arrivati a gruppi manipolativi riceveranno di solito un caloroso benvenuto e formeranno una serie di nuove amicizie che sembrano essere molto più profonde e significative di qualsiasi cosa abbiano mai sperimentato. In seguito, se sorgeranno dei dubbi, queste relazioni diventeranno un potente strumento per trattenerli nel gruppo. Anche se non sono completamente convinti, la vita nel mondo esterno può sembrare molto solitaria.

Ingredienti richiesti: esseri umani, leader narcisistico, capro espiatorio(i), luogotenenti ("scimmie volanti") e mantenere i segreti. Ciò che non può essere permesso in questo tipo di sistema sono i liberi pensatori o gli spiriti liberi. Le persone con queste qualità saranno bandite.

Il controllo mentale è simile a quello che succede quando le persone si uniscono ai culti. I leader delle sette riescono a costringere le persone forti e intelligenti a non amare la famiglia e gli amici, il tutto in cambio di una falsa promessa.

Di solito le persone sono manipolate, ma credono che le decisioni appartengano a se stesse - non ai manipolatori.

Le dinamiche di interazione sociale umana sono molto potenti. Nel corso del tempo, le persone sono state manipolate dalla propaganda e dalla pressione sociale. Pensate a Hitler e a come è riuscito a manipolare un intero paese per far sì che odiasse certi gruppi di persone - e ad agire di conseguenza! Le ragioni di fondo di tutto ciò saranno affrontate in questo articolo.

Se state lottando con il tentativo di salvare qualcuno dal controllo mentale di un'altra persona, allora questo articolo è per voi. Affronterò il "come" è successo, e anche il "cosa" fare una volta che è successo negli articoli successivi.

Secondo la psicologa clinica Margaret Singer, ci sono sei condizioni in cui una persona deve essere sottoposta, in cui avviene il controllo della mente. Queste sono (Singer, 2003):

Tecniche:

1. **Tenere l'obiettivo all'oscuro, ignaro di essere cambiato.** Le vittime di questo tipo di manipolazione sono psicologicamente portate a cambiare i loro comportamenti per soddisfare l'agenda del leader. L'obiettivo finale è che il bersaglio esegua gli ordini del leader. Nel caso dell'alienazione dei genitori, il risultato finale è quello di ferire il genitore bersaglio. In altri casi, l'obiettivo finale è quello di soddisfare le esigenze personali del leader in termini di potere e controllo e persino di soddisfare le sue fantasie finali.

2. **Controllare l'ambiente fisico e sociale della persona.** I leader del controllo mentale forniscono un'ampia struttura, regole e incarichi per mantenere gli obiettivi costantemente in funzione.

3. **Creare un senso di impotenza nel bersaglio.** I leader si assicurano che il target sia lontano dal suo sistema di supporto sociale e lo mettono in un ambiente con quelli già radicati nel gruppo. Questo aiuta i target di controllo mentale a perdere l'autonomia personale, il potere e la fiducia in se stessi. Questo erode l'intuizione

del target. Man mano che il senso di impotenza del bersaglio aumenta, il suo senso di buon senso e la sua comprensione del mondo diminuisce (la visione della realtà è destabilizzata). Non è permesso parlare di questo. Nel caso di alienazione parentale, il genitore empatico o "normale" viene villanizzato.

4. **Incorporare un sistema di ricompense e punizioni nella vita della persona, che** promuovono l'agenda del manipolatore e minano l'autonomia e l'individualità del bersaglio. I membri ricevono un feedback positivo per la conformità alle credenze e ai comportamenti del leader e un feedback negativo per le vecchie credenze e i vecchi comportamenti.

5. **Creare un sistema di ricompense, punizioni ed esperienze per promuovere l'apprendimento dell'ideologia o del sistema di credenze del gruppo e dei comportamenti approvati dal gruppo. Il** buon comportamento, che dimostra la comprensione e l'accettazione delle convinzioni del gruppo, e la conformità sono ricompensati, mentre le domande, i dubbi o le critiche sono accolti con disapprovazione, riparazione e possibile rifiuto. Se si esprime una domanda, si ha la sensazione che ci sia qualcosa di intrinsecamente sbagliato nel farlo.

6. **Il sistema è chiuso, con una struttura autoritaria che non consente alcun feedback e rifiuta gli input non approvati dalla leadership.** Il gruppo ha una struttura piramidale, dall'alto verso il basso. Il leader non perde mai.

Ricordate questo, gli obiettivi del controllo della mente non sono valorizzati per la loro individualità; piuttosto, sono meri oggetti (attori) nella produzione personale del leader, dove il leader è il regista, il produttore, l'autore e il drammaturgo della sua stessa saga.

"Il cervello è la cosa più complessa che abbiamo mai scoperto nel nostro universo". Questa citazione è di James D. Watson, premio Nobel e rinomato

biologo. Il nostro cervello è straordinariamente complesso. La sua prodigiosa convoluzione mi rende più perplesso ogni volta che cerco di impararlo.

Oltre alla sua complessità, una cosa affascinante del nostro cervello è quanto sia vulnerabile alla manipolazione. Ho fatto una vasta gamma di post su questo argomento, soprattutto nella categoria "Mente". Tuttavia, penso che questo argomento sulla vulnerabilità del cervello abbia bisogno di un post adeguato. Quindi ecco i migliori trucchi psicologici che la gente può sfruttare da voi:

STUDIO DELLA FOTOCOPIATRICE

In primo luogo, si comincia con qualcosa di così semplice ma eccessivamente potente che è la parola *"perché"*. In uno studio di *Ellen Langer*, ha cercato una fotocopiatrice della biblioteca che è stata messa in coda da più persone con l'intenzione di tagliare la linea. Tuttavia, ci sono 3 scelte di azione quando guardava la persona che stava per tagliare la sua linea.

1. "Mi scusi, ho 5 pagine. Posso usare la macchina Xerox?" Ha fatto la sua richiesta senza alcuna ragione o giustificazione.
2. "Mi scusi, ho 5 pagine. Posso usare la macchina Xerox, perché vado di fretta?". Questa volta ha fatto una richiesta con una ragione reale e definita.
3. "Mi scusi, ho 5 pagine. Posso usare la macchina Xerox, perché devo fare delle copie? Ora ha fatto una richiesta con un motivo falso e assurdo.

Quali sono, secondo lei, le percentuali dei risultati che le vengono concessi per tagliare la sua linea e utilizzare la fotocopiatrice? Sorprendentemente, l'azione 1 produce il 60% delle persone che le permettono di saltare la linea. Mentre l'azione 3 ha prodotto uno sbalorditivo 93% di persone che le hanno permesso di saltare la fila. Il divario tra l'azione 3 (ragione assurda e falsa) e l'azione 2 (ragione definita e reale) è solo dell'1%. Questo fa sì che la percentuale per l'azione 3 sia del 94%.

PIEDE NELLA PORTA

Successivamente, il secondo trucco che può essere utilizzato è il *piede nella* tecnica della *porta*. In sostanza, la FITD funziona chiedendo prima un piccolo favore, dopo che il primo favore minore è concesso, inizia a chiedere un favore più grande. Se usiamo questo trucco gradualmente, potremmo ottenere più sì, anche se è una richiesta più grande.

Questo perché siamo inclini a sentirci coinvolti dopo aver interagito con qualcuno. Un altro motivo è che, come umani, ci piace dimostrare di essere un tipo di persona che vuole davvero aiutare, quindi vogliamo essere coerenti anche se le richieste sono gradualmente più grandi delle ultime.

Ad esempio, un venditore che avete incontrato in un centro commerciale potrebbe chiedervi il vostro numero di telefono (piccolo favore) per potervi contattare. Dopo aver ottenuto il vostro numero di telefono, forse vi contatterà e vi chiederà di visitare il loro sito web e di compilare un sondaggio (favore medio). Ad un certo punto, vi sentirete più coinvolti e, infine, il venditore vi chiederà di acquistare il loro prodotto (grande favore).

PORTA IN FACCIA

Questo metodo è contro-intuitivo con il piede nella tecnica della porta di cui abbiamo parlato in precedenza. Questa tecnica inizia con la richiesta di un favore irrealistico e grande che la persona molto probabilmente rifiuterà. Poi si inizia a chiedere un favore realistico che si intende davvero chiedere.

La ragione logica di questo fenomeno è dovuta al potere della colpa. Dopo aver rifiutato la prima richiesta ci sentiremo colpevoli, quindi il senso di colpa diventa il driver/motivatore numero uno per soddisfare la richiesta con uno scopo che è quello di ridurre il senso di colpa. Inoltre, la seconda richiesta sembrerà molto più ragionevole della prima, quindi acconsentirà alla seconda richiesta.

Per ricapitolare questo affascinante argomento sui trucchi per il controllo della mente, ci sono 2 modi principali che si potrebbero eseguire per manipolare qualcuno. Porta in faccia e piede nella porta. Entrambi utilizzano una richiesta di "decadimento" in modo da aiutare la reale intenzione di richiesta da compilare. Queste sono le illustrazioni per aiutare a visualizzare la tecnica:

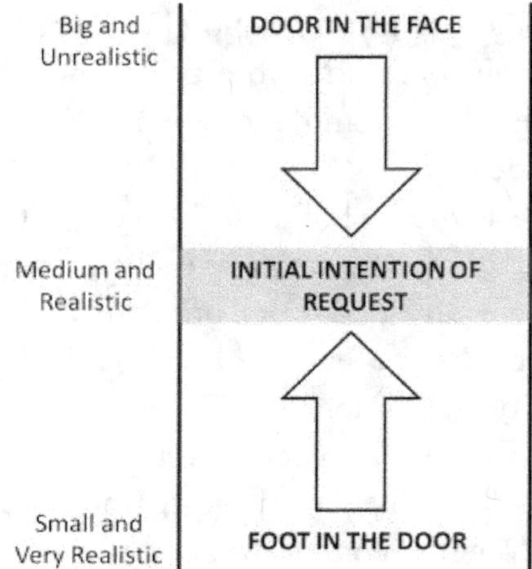

Se da un lato si può scegliere una delle 2 tecniche, dall'altro si può anche usare il "perché" per aumentare la probabilità, proprio come abbiamo discusso in precedenza. Quindi, combinando entrambe le tecniche, potremmo avere il modo definitivo di controllare la mente di qualcuno per essere d'accordo con la nostra richiesta.

Un piccolo disclaimer prima di chiudere questa sezione e andare avanti in questo libro. Si prega di utilizzare queste tecniche in modo etico. Il motivo principale per cui voglio fare questo post è per poter riconoscere se qualcuno lo sta usando su di noi. Così potremmo essere meno influenzati.

22

5 MODI DI IPNOTIZZARE QUALCUNO SENZA CHE LO SAPPIA

C'È un fascino nell'ottenere il controllo su qualcun altro e fargli fare quello che vuoi. Non è che si provi una cosa del genere per qualcosa di sinistro, ma si può farlo anche per il loro benessere! In molte situazioni potresti dover ipnotizzare qualcuno senza fargli sapere che lo stai facendo. Ci sono diversi modi che vi aiuteranno a farlo e alcuni di essi sono discussi qui.

Prima di provare uno qualsiasi di questi è necessario costruire un rapporto con loro altrimenti sarà un po' difficile. Vediamo i diversi metodi.

Ipnosi segreta

L'ipnosi occulta o ipnosi conversazionale è uno dei metodi più comuni per assumere il controllo della mente degli altri. Tuttavia, bisogna ricordare che mentre si ipnotizza qualcuno non lo si controlla, ma si controllano i suoi pensieri. Gli fai credere qualcosa che gli dici di essere il suo pensiero. Per fare l'ipnosi segreta con successo è necessario assicurarsi di due cose.

Prima il soggetto deve rispondere al vostro suggerimento e deve aver focalizzato l'attenzione. Una volta che è sicuro di potersi collegare con la mente inconscia del soggetto. Poi voi darete il suggerimento e, poiché il soggetto è completamente preso dalle vostre parole, le considererà come i suoi pensieri.

Modello Interrompere

Anche se sarà necessario fare pratica, tuttavia con questa procedura è possibile ipnotizzare chiunque senza che essi stessi abbiano la conoscenza dell'ipnosi. Tutti sono vincolati da qualche schema e quando c'è un cambiamento negli schemi la loro mente cosciente inizia a pensarci, facendo concentrare i loro sensi su questo. Nel frattempo si può usare il comando ipnotico per farli entrare sotto la propria influenza. Ad esempio, invece di stringere la mano, se all'improvviso si mette il palmo della mano sul petto di qualcuno, ci vorranno 5 secondi per capire cosa sta succedendo e quindi, durante questo periodo bisogna completare l'ipnosi.

Parole chiave ipnotiche

Quando si ipnotizza qualcuno si prende il controllo del subconscio. Come quando si guarda un film dell'orrore, c'è qualche pericolo per te? Naturalmente la risposta è No, ma ti senti spaventato! Mentre usate la parola "immaginate" la vostra mente subconscia prende il controllo della vostra mente conscia. Mentre si segue questa procedura, si fa in modo che la persona svegli la sua mente subconscia e la si lascia percepire le cose che immagina.

L'effetto Zeigarnik

L'effetto Zeigarnik spiega che le persone tendono a concentrarsi su quei compiti che non sono completati. Tendono a dimenticare i compiti completati. Ad esempio, dopo aver pagato le bollette mensili, se ne dimenticano fino al mese prossimo. Così, per controllare qualcun altro racconta loro una storia incompleta. Mentre la loro mente continua a capire cosa succederà dopo, voi potete dare i vostri comandi ipnotici.

· · ·

Ambiguità

Un modo per ipnotizzare gli altri è quello di prendere il controllo del loro subconscio. Attraverso frasi ambigue si lascia che la mente cosciente del soggetto si interroghi sul significato. Così, si ottiene l'opportunità di connettersi direttamente con la mente subconscia.

Questi sono solo 5 modi attraverso i quali si possono ipnotizzare gli altri senza che lo sappiano. Tuttavia, dovete ricordare che per applicare con successo uno qualsiasi di questi metodi è necessario fare pratica prima di iniziare a provarli.

23

COME CONQUISTARE CIÒ CHE TI APPARTIENE

IL CIELO NON È IL LIMITE. TU LO SEI.

"Più mi addentro in me stesso, più mi rendo conto di essere il nemico di me stesso". - Floriano Martins

La libertà è sopravvalutata. Se fosse così importante, cosa sceglie la gente per tenere prigionieri i propri sogni?

Tutti noi vogliamo essere liberi, ma non possiamo essere liberi.

I detenuti affrontano la paura e l'ansia al momento del rilascio. *Non riescono a* sopportare di essere liberi. La maggior parte degli ex detenuti ricorre **deliberatamente al** reato perché *non riesce a gestire la* propria libertà.

Questo è il paradosso che *ti* trattiene.

Siamo talmente abituati a vivere nella nostra zona di comfort che essere imprigionati ci fa sentire più sicuri. Paura, routine, procrastinazione, procrastinazione, businness, confronto con gli altri, e dubbi su se stessi, - è per questo che si tiene dietro le sbarre ciò che si ama.

Il cielo *non* è il limite, voi lo siete. La vostra vita è senza limiti, così come le vostre possibilità. Tuttavia, dovete prima conquistare ciò che vi trattiene: la vostra mente.

Disse Napoleone Hill: "Se non conquisterai te stesso, sarai

conquistato da te stesso". La sfida più importante è dentro di voi. Non in palestra o al lavoro.

Sei pronto ad esplorare il tuo io interiore?

Conquista la tua mente

"La libertà non vale la pena di avere se non include la libertà di commettere errori

" - Mahatma Gandhi

Tu crei la tua sofferenza. Secondo la scienza, la maggior parte dei nostri problemi non sono causati dalla realtà, ma dalle nostre percezioni. La Terapia Cognitiva del Comportamento (CBT) aiuta le persone ad assumersi la responsabilità e ad accettare il proprio ruolo nel "creare" la propria sofferenza. Come dice lo psicologo americano Albert Ellis: *"Le persone non si arrabbiano e basta. Contribuiscono al loro turbamento".*

Non è ciò che accade che ti trattiene, ma le tue convinzioni di giudizio al riguardo.

Guardate cosa succede quando rielaborate i vostri pensieri.

1. Non cercare di essere felice se vuoi essere veramente felice

La tua ricerca della felicità può trasformarsi rapidamente in un'ossessione. Più la insegui, meno te la godi. Ci aspettiamo che la felicità accada a noi, piuttosto che sviluppare l'apprezzamento.

Consapevolmente o no, tutti noi desideriamo e temiamo la felicità allo stesso tempo. Allena la tua mente a dare valore a ciò che hai, piuttosto che sentirti frustrato a causa di ciò che non hai.

La felicità è un risultato, non un obiettivo.

Cominciate ad apprezzare i piccoli lavori di casa. Godersi qualcosa è il cammino verso l'amore a lungo termine.

2. Smettila di dare la colpa agli altri

Quello che fanno gli altri lo fanno su di loro. Il modo in cui reagisci è colpa *tua*. Nessuno là fuori vi farà uscire dalla vostra (percepita) miseria. Smettete di aspettare che qualcuno risolva i vostri problemi. Dipende da voi.

Altre persone possono influenzare il tuo modo di vivere, solo se glielo permetti. Essere responsabili della propria vita è una responsabilità che spetta a voi.

Jim Carrey ha detto: *"Le decisioni che prendiamo in questo momento si basano sull'amore o sulla paura. Molti di noi scelgono la propria strada per paura, mascherata da praticità"*.

Quando si smette di biasimare, si inizia a possedere il corso della propria vita.

3. Adattarsi, come fa l'acqua

Combattere ciò che non si riesce a gestire o che non è andato per la propria strada, non farà altro che incastrarvi. Adattarsi alla realtà non significa rinunciare ai propri sogni. Al contrario, quando smetterete di combattere battaglie perse potrete concentrare le vostre energie su ciò che conta davvero.

Imparare ad essere fluido e adattabile come l'acqua.

Lao Tzu ha detto: "L'acqua consumerà la roccia, che è rigida e non può cedere. Di regola, qualsiasi cosa sia fluida, morbida e cedevole supererà qualsiasi cosa sia rigida e dura. Questo è un altro paradosso: ciò che è morbido è forte".

4. Smettila di pensare troppo e salta

Fai il salto. Passare all'azione.

Non c'è risultato peggiore dell'essere paralizzati. Nessuno ha le risposte a ciò che è giusto. Imparerai strada facendo. Più si fa qualcosa, meglio si diventa. La maestria richiede pratica. Fare è il modo in cui ci si arriva.

Entrare in azione è facile una volta che si smette di pensare alle conseguenze. Se i bambini potessero pensare, non imparerebbero mai a camminare.

Impara a fidarti del tuo secondo cervello, del tuo istinto. Disse

Shelley Levit: *"È bello avere un cervello brillante e analitico, ma alla fine della giornata lo stomaco è l'organo più intelligente del corpo".*

5. Imparate a vivere con i vostri pensieri, non attraverso di essi

C'è un lupo dentro di noi che lotta per prendere il sopravvento. Quando nutri i tuoi pensieri, lasci che la bestia prenda il sopravvento. Pensare è naturale, ma guardare la vita *attraverso i* tuoi pensieri ti mangerà vivo.

I tuoi pensieri distorcono la tua prospettiva. Sbarazzati di quella lente.

Domare il lupo negativo, non ucciderlo - è così che si neutralizzano i pensieri dal causare dolore e sofferenza. Non lasciate che i vostri pensieri vi impediscano di fare ciò che amate.

"Tu crei i tuoi pensieri. I tuoi pensieri creano le tue intenzioni. E le tue intenzioni creano la tua realtà". - *Wayne Dyer*

La tua mente è ciò che ti trattiene. È tempo che i tuoi sogni prendano il sopravvento.

24

IL TUO SCOPO NELLA VITA TI RENDERÀ LIBERO

"Quando scoprirò chi sono, sarò libero
    " - Ralph Ellison

Vivi nel modo in cui vuoi essere ricordato. È così che si smette di avere paura di morire. Quando lasci che sia la tua passione, non le tue paure, a guidarti.

Coco Chanel ha detto: *"L'atto più coraggioso è ancora quello di pensare con la propria testa. Ad alta voce"*. Trovare il proprio scopo non è poi così difficile; attenersi ad esso, invece, lo è. La strada è piena di compagni di strada che ti diranno cosa dovresti fare della tua vita.

Qualche mese fa abbiamo parlato di manipolazione psicologica nelle relazioni interpersonali, abbiamo definito la differenza tra manipolatore e influencer, abbiamo menzionato alcuni fattori di rischio o pulsanti emotivi che ti rendono più suscettibile alla manipolazione, così come alcuni segni e sintomi che si è in relazione emotivamente abusiva. Oggi parleremo di alcune tecniche reali di controllo della mente che sono state tradizionalmente usate non solo dalle persone comuni nelle relazioni interpersonali ma anche nei gruppi.

Isolamento

L'isolamento **fisico** può essere molto potente, ma anche quando l'isolamento fisico è impossibile o non pratico, i manipolatori tenteranno di isolarvi mentalmente. Questo può essere ottenuto in diversi modi, da seminari di una settimana nel paese a criticare la vostra famiglia e la vostra cerchia di amici. Limitare qualsiasi altra influenza controllando il flusso di informazioni è l'obiettivo finale.

Critica

La critica può essere usata come strumento di isolamento. I manipolatori di solito parlano in termini di "noi contro di loro", criticano il mondo esterno e rivendicano la propria superiorità. Secondo loro, bisogna sentirsi fortunati ad essere associati a loro.

Riprova sociale e pressione dei pari

Chi tenta di manipolare grandi gruppi di persone usa di solito la riprova sociale e la pressione dei pari per fare il lavaggio del cervello ai nuovi arrivati. La riprova sociale è un fenomeno psicologico in cui (alcune) persone assumono che le azioni e le convinzioni degli altri siano appropriate e, poiché "tutti lo fanno", devono essere giustificate. Questo funziona particolarmente bene quando un individuo non è sicuro di cosa pensare, come comportarsi o cosa fare. Molte persone in queste situazioni si limitano a guardare quello che fanno gli altri e fanno lo stesso.

Paura dell'alienazione

I nuovi arrivati a gruppi manipolativi riceveranno di solito un caloroso benvenuto e formeranno una serie di nuove amicizie che sembrano essere molto più profonde e significative di qualsiasi cosa abbiano mai sperimentato. In seguito, se sorgeranno dei dubbi, queste relazioni diventeranno un potente strumento per trattenerli nel gruppo. Anche se non sono completamente convinti, la vita nel mondo esterno può sembrare molto solitaria.

Ripetizione

La ripetizione costante è un altro potente strumento di persuasione. Anche se può sembrare troppo semplicistico per essere efficace, ma ripetere lo stesso messaggio più e più volte lo rende familiare e più facile da ricordare. Quando la ripetizione è combinata con la prova sociale, trasmette il messaggio senza problemi.

L'esistenza di affermazioni (come tecnica di auto-miglioramento) è un'altra prova che la ripetizione funziona. Se si riesce a convincere se stessi attraverso la ripetizione, è probabile che qualcuno tenti di usare la ripetizione per manipolarti e farti pensare e comportarsi in un certo modo.

La stanchezza

La stanchezza e la privazione del sonno provocano stanchezza fisica e mentale. Quando si è fisicamente stanchi e meno attenti, si è più suscettibili alla persuasione. Uno studio citato nel Journal of Experimental Psychology mostra che gli individui che non avevano dormito per sole 21 ore erano più suscettibili alla suggestione.

Formare una nuova identità

Ultimamente, i manipolatori vogliono ridefinire la vostra identità. Vogliono che tu smetta di essere te stesso e che diventi un robot, qualcuno che segue insensatamente i loro ordini. Usando tutti i metodi e le tecniche di manipolazione mentale di cui sopra, cercheranno di estorcervi una confessione - una qualche forma di riconoscimento del fatto che credete che siano brave persone che fanno una buona azione (sono possibili lievi variazioni). All'inizio potrebbe essere qualcosa di apparentemente insignificante, come il fatto di essere d'accordo che i membri del gruppo sono persone divertenti e amorevoli o che alcune delle loro opinioni sono effettivamente valide. Una volta accettata questa piccola cosa, potreste essere più pronti ad accettarne un'altra e poi un'altra e un'altra ancora... Prima che ve ne rendiate conto, per il desiderio di essere coerenti con ciò che fate e dite, cominciate a identificarvi come uno del gruppo. Questo è particolarmente potente se sai che le tue confessioni sono state registrate o filmate - nel caso te ne fossi dimenticato, c'è una prova fisica della tua nuova identità.

Ora, dopo aver letto questo, potreste chiedervi quali sono i "gruppi" nella vostra vita. Vi stanno manipolando?

Facciamo finta che tu sia entrato a far parte di Greenpeace. Tutto è iniziato con una piccola donazione, poi un qualche tipo di evento divertente (un sacco di nuovi amici) e, prima che te ne accorga, sei seduto su una piccola barca a protestare contro le trivellazioni della Shell nella regione polare, mentre la tua istruzione e la tua carriera sono messe in attesa. Che cosa è successo qui? Greenpeace ti ha manipolato per farti fare questo? No. L'hanno *influenzata*. Mentre ti hanno fatto fare qualcosa che non avresti mai pensato di fare prima, Greenpeace non ti usa a proprio vantaggio. Ti hanno chiesto di fare ciò che ritengono giusto (anche se le opinioni possono variare) e tu sei d'accordo: non c'è nessun vantaggio personale.

Paragonatelo a, diciamo, un insegnante di karate controllante che abusa verbalmente e fisicamente dei suoi studenti, aspettandosi in cambio una totale ammirazione e obbedienza, che li fa pensare come se fossero l'unico gruppo di persone che stanno per conoscere qualche segreto speciale che farà vergognare sia Terminator che Rambo. Sia che le sue motivazioni qui siano finanziarie o un semplice desiderio di controllo e di sentirsi superiore, non c'è dubbio che stia usando le tecniche di manipolazione mentale sopra menzionate.

25

QUALI SONO I TRUCCHI PIÙ FIGHI PER IL CONTROLLO DELLA MENTE?

CERVELLO e nervi sono i parametri attraverso i quali la mente lavora. Quindi, dobbiamo controllare il nostro cervello e i nervi al 100% per ottenere il pieno controllo della nostra mente. Solo pochi dei più grandi yogi ci sono riusciti con un processo molto lungo e difficile. L'uomo comune non può raggiungere questo obiettivo. Tuttavia, possiamo cercare di raggiungere in una certa misura. Sono necessarie una mente forte, una pazienza simile al ghiaccio, un'alta fiducia in se stessi. Sono necessari anche una forte determinazione per il miglioramento di sé e l'autocontrollo. Ora seguite il resto.

A. Lo yoga, i pranayam, il respiro profondo e la meditazione rendono la nostra mente forte. Le attività creative ci rendono fiduciosi. La mescolanza con persone con una mentalità positiva ci rende positivi. La preghiera a Dio ci rende mentalmente forti. Tutti questi sono di supporto per aumentare il livello di fiducia in se stessi. Siete unici in questo mondo con i vostri meriti e i vostri demeriti.

Avete una configurazione genetica diversa e unica. Il confronto tra oggetti diversi è illogico. Quindi, non siete inferiori a nessuno. Siete voi stessi, non siete secondi a nessuno. Avete un potere enorme e una posseabilità illimitata. Potete ottenere qualsiasi cosa al mondo, se lo desiderate. Aggiorna te stesso con un'adeguata educazione, una buona educazione, e un duro lavoro con il pieno utilizzo delle tue capacità e delle tue risorse. Abbiate il massimo livello di fiducia.

B. Il controllo della mente in qualche misura significa controllo delle emozioni. Le emozioni importanti sono la rabbia, la paura, la vergogna, la gioia e i dolori. A questo proposito, potrei condividere alcuni consigli magici.

(I) Rabbia :-- La rabbia è follia transitoria, come definita dal Dr. D.K.Jha, eminente professore, RIMS, Ranchi.

1) Quando sei molto arrabbiato con qualcuno, non reagisci immediatamente ma rispondi dopo un po'. Conta da 1 a 20 lentamente, prendi tempo prima di rispondere. È difficile controllarsi. Sarete tentati di dare una risposta appropriata urlando o dando un po' di botte. Tetta per tetta. Una reazione così rapida dà

anche una sensazione di sazietà. Ma se praticate l'esercizio di conteggio nel momento dell'eccitazione, la vostra rabbia si placherà molto. Per un'azione seria, aspettate 24 ore e fate ciò che ritenete opportuno.

2) Quando siete arrabbiati come qualsiasi cosa con qualcuno, aspettate un po' prima di qualsiasi reazione. Ricordate i bei giorni che vi piacciono con la persona interessata. La tua rabbia si placherà lentamente. Il tuo desiderio di insultare/lesionismo/lesionismo cambierà.

3) Aspettate e pensate con pazienza. Non sei per niente responsabile della situazione? C'è qualcosa nella difesa degli avversari? Non è corretto dare un'udienza prima di agire?

4) Se è l'unico colpevole, ci sono tanti modi corretti per punirlo. Non parlate con la persona finché lo ritenete opportuno. Questa azione gli farà capire e si pentirà della sua colpevolezza e confermerà di non ripetere l'

azione.

5) Venite da una famiglia rispettabile. Reazioni brusche come grida, ecc. danneggiano il tuo status e il tuo prestigio sociale.

6) Il vostro comportamento

rozzo può costarvi la perdita permanente del rapporto con la persona. Pensateci un po' su.

7) Qualsiasi azione brusca può anche comportare ulteriori complicazioni, come ad esempio una denuncia alla

polizia, cause legali, ecc.

8) Voi e la persona interessata non starete insieme per sempre. La relazione terminerà in qualsiasi momento con la morte di quella persona o di voi. Abbiate un po' più di pazienza, se possibile.

9) L'interessato può essere un paziente con pressione alta o depressione cronica. Abbiate pietà di lui. Una risposta arrabbiata da parte vostra potrebbe essere fatale per lui/lei.

10) La vostra salute è di massima importanza. Non potete mettere a rischio la vostra salute. La rabbia può causare diversi rischi per la vostra salute.

11) Per un sollievo immediato dalla rabbia, un bicchiere d'acqua può fare una magia. Sdraiarsi a terra scaccia anche la rabbia. Avete mai visto delle persone che si mettono a chiacchierare in modalità sdraiata? Le persone sdraiate si siedono prima di tutto in piedi e poi si alzano con fermezza per reagire.

11) Tutte queste cose fungono da deterrente contro la rabbia.

(II) Paura :--

1) La paura è una qualità non solo dell'uomo, ma anche di tutti gli animali. La paura fa parte delle emozioni. Ma la paura incontrollata ci impedisce di fare il nostro dovere. Anche la paura immotivata di alcuni ostacola la nostra vita normale. Alcuni hanno paura dell'oscurità o dell'altezza o dell'acqua o di parlare con sconosciuti o di qualsiasi altra cosa.

2) Per controllare la paura ho un suggerimento unico. Fate l'azione con la forza di cui avete paura. Per esempio, rimanete nell'oscurità per un breve periodo di tempo per guidare la paura. Poi aumentate il periodo di tempo. Una forte forza di volontà aiuta molto... Interagite con sempre più persone con forza per spingere la paura a interagire con gli altri. Prima di selezionare a mano le parole e fare pratica davanti allo specchio o con gli amici. Per prima cosa sarete nervosi. Avrete paura. La gente potrebbe ridere di voi. Ma non perdetevi d'animo. Continuate il processo. Un giorno il vostro problema sarà risolto.

3) Per controllare la paura c'è un'altra via d'uscita a prova di bomba. Calcolare il fattore di rischio % è la via d'uscita. Se qual-

cuno ha paura di viaggiare in aereo, la % di rischio deve essere calcolata in base al numero di incidenti aerei in un anno sul totale dei voli in rotta. Sarà dimostrato che il rischio di incidente stradale è molto di più del rischio di incidente aereo. Se dobbiamo viaggiare su strada, perché avere paura del volo. Dovremmo essere razionali.

4) Ci sono persone che sono note per il loro temperamento focoso e la loro enorme rabbia. Altre persone hanno paura di loro perché possono fare qualsiasi cosa per rabbia. In realtà, queste persone sono codarde e soffrono di insicurezza. Si può scacciare la paura da loro non rispettando il loro ingiusto ordine e protestando contro il loro cattivo comportamento. Mi riferisco alla storia popolare del suocero e della nuora. Il cosiddetto uomo feroce è stato raffreddato da un'adeguata negazione da parte della nuora appena sposata. "Lasciatemi fare il bagno con l'acqua fredda", rispose timido l'uomo timido alla ferma negazione di servire l'acqua calda. Tale paura aumenta a dismisura se non sfidata.

5) Si può vincere un po' di paura anche valutando i danni peggiori che l'oggetto spaventoso può causare. Supponiamo che si abbia paura di sudare in un carro armato che anticipa il morso di un serpente. Pensate a cosa succederà in caso di morso di serpente. I serpenti d'acqua sono per la maggior parte velenosi. Anche in caso di serpente avvelenato, il tasso di recupero è elevato per un trattamento immediato. Quindi la paura è infondata.

6) Un modo semplice per guidare la paura è quello di deviare la mente verso altri eventi. Per esempio, in caso di paura si può renderlo impegnato in una conversazione con gli altri o nella lettura di un libro, durante il volo. La nostra mente non può svolgere due compiti alla volta...

7) L'acqua che gocciola lentamente spinge la paura in una certa misura.

III. Timidezza

La timidezza non è più considerata una qualità per i sessi. La timidezza è piuttosto un demerito che causa difficoltà in ogni campo della vita.

1) Nella vita normale gli uomini timidi non possono mescolarsi o interagire con altre persone. Anche loro non possono interagire correttamente con i loro genitori e fratelli. In genere non hanno

amici. Per questo motivo la timidezza li rende asociali. Altre persone li trovano egocentrici ed egoisti. Queste persone sono generalmente impopolari nella vita sociale.

2) Inoltre, la timidezza ostacola anche la loro educazione. Queste persone non possono condividere i loro difetti con i loro insegnanti e persino con i loro amici. Quindi, soffrono. Per quanto riguarda la loro carriera, si comportano miseramente nei colloqui e non riescono a trovare un lavoro migliore.

3) La timidezza gioca un ruolo negativo nella loro vita. Ora arriva la domanda da un milione di dollari, qual è la via d'uscita?

Condivido la mia idea con la quale mi sono tolto un sacco di soddisfazioni.

a) Interagire con forza con tutte le persone che ti circondano, indipendentemente dal loro sesso o dall'età. Vi sentirete sicuramente in difficoltà e a disagio. Ma non fermatevi. Esercitatevi prima di tutto su cosa parlare. Esercitatevi molto con gli amici. In primo luogo, sarà divertente. Qualcuno potrebbe ridere di voi. Non vi perdete d'animo. Continuate il processo con persone diverse. A poco a poco, vi sentirete confortati e vi godrete il processo. E si è guariti.

b) Per i colloqui esercitatevi prima del mirror con le domande attese. Il finto colloquio con un amico che lo porta a fare l'intervista sarà di grande aiuto.

c) La timidezza è il sottoprodotto di una mente debole e della mancanza di fiducia in se stessi, del rispetto di sé e del complesso di inferiorità Per una soluzione radicale e permanente, tutti questi problemi dovrebbero essere risolti come discusso nella prima parte della mia risposta.

d) Gli esercizi fisici, lo yoga, i pranayam, i respiri profondi, la meditazione, le preghiere, ecc. ci rendono forti sia fisicamente che mentalmente.

e) Mescolarsi con solo persone con una mentalità positiva. Le persone con una mentalità negativa ostacolano la nostra autostima e il rispetto di noi stessi.

f) Le attività creative ci rendono positivi nella nostra mentalità.

g) Tutto questo ci rende mentalmente forti e sicuri di noi stessi, che a loro volta ci rendono liberi dalla timidezza.

IV. Gioia e dolore.

La gioia e il dolore si alternano come il giorno e la notte. Sono temporanei. Quando arriva l'inverno, la primavera può essere così indietro? Più scura è la notte, più vicina è l'alba. Le strade accidentate raggiungono spesso una buona destinazione. Quindi, dovremmo affrontare con pazienza, con il nostro fresco, i giorni brutti e i giorni belli. Lasciamoci andare con calma. Non lasciatevi trasportare dalla gioia o dal dolore. Non lasciatevi sopraffare. Prendere tutto come desiderio di Dio. Pregatelo regolarmente e senza fallire. Credete, tutto va bene, in spirito.

V. Tutte le altre emozioni possono essere controllate con un alto livello di fiducia in se stessi, ragionamento, atteggiamento razionale, logica e forte determinazione.

26

TRUCCHI PER IL CONTROLLO DELLA MENTE

La maggior parte delle persone ritiene che i trucchi per il controllo della mente siano qualcosa di magico o legato al mondo del Voodoo. Beh, il vero fatto è che i trucchi per il controllo della mente non sono affatto legati al mondo della magia o dell'ipnosi. Come tutti voi sapete, la mente è uno degli strumenti più influenti che può cambiare tutto il vostro pensiero negativo in positivo. Si ritiene che il cervello umano utilizzi solo il 10% della sua attitudine originale per tutta la durata della vita. A questo proposito, i trucchi per il controllo della mente possono essere usati per ottenere più successo e per aumentare il livello del cervello al 90%. Beh, ci sono varie tecniche per controllare il cervello. Tutto ciò che serve per usare il cervello nella giusta direzione! A questo proposito, questi trucchi possono offrirvi un aiuto sufficiente. Qui di seguito troverete alcuni dei metodi più efficaci per il controllo della mente:

Psicologia Inversa - Questo è uno dei più antichi metodi di controllo della mente. Chiunque può usarlo per ottenere risultati eccezionali. In questo metodo si deve fare qualcosa contro ciò che si vuole veramente fare. Poi, aspettate che la persona sia contro di voi e presto vi accorgerete che sta facendo la stessa cosa che avete previsto. La psicologia inversa in realtà significa dire e fare qualcosa che è contrario a quello che vorresti che accadesse, poi aspettare che un'altra persona abbocchi all'esca e si opponga a te, quindi fargli dire o fare quello che vuoi esattamente. La psicologia inversa è il più antico metodo di controllo della mente in un libro. Si può usare praticamente in ogni tipo di situazione.

Sii positivo - Per lo più si è scoperto che le persone reagiscono senza entusiasmo quando trovano parole deprimenti come "non", "No" o "non possono". Se volete attirare le persone verso di voi, allora dovete concentrarvi sui punti di ottimismo usando parole che danno una migliore influenza. Cercate di usare parole come "può", perché offre maggiori risultati e vantaggi. È un dato di fatto che alle persone piace sempre ascoltare le parole positive.

Chiama un amico - Se vuoi davvero influenzare qualcuno secondo i tuoi modi, è meglio chiamare un amico. Il vostro amico vi darà sicuramente un buon supporto e potrete facilmente portare a termine il vostro compito. Se volete convincere qualcuno a fare qualcosa e ad accettare il vostro pensiero, potete chiamare il vostro amico o qualcuno che sia credibile per sostenervi. Le persone sono programmate per pensare che l'opinione popolare sia l'opinione giusta. Così nel caso in cui tu voglia che un amico si unisca a te nell'attività e loro siano un po' esitanti, allora potresti trovare altri amici per il sostegno.

I trucchi per il controllo della mente sono alcuni dei modi più morali e di principio che si possano usare. Usando i trucchi per il controllo della mente, otterrete sicuramente molti vantaggi e benefici. I trucchi per il controllo della mente non sono immorali e le persone che ne fanno uso non sono immorali. Sanno che in un certo senso la loro mente funziona e usano questa conoscenza per ottenere il massimo dei loro benefici.

27

INFLUENZARE LE PERSONE CON 3 TRUCCHI PER IL CONTROLLO MENTALE

I TRUCCHI per il controllo della mente possono essere paragonati al modo in cui i maghi controllano le nostre menti durante i loro spettacoli. In un certo senso, questi truffatori usano azioni rapide per ingannare i nostri occhi e per controllare la nostra mente. L'argomento serio del controllo della mente, d'altra parte, tratta di come una persona può convincere un'altra persona a pensare in un certo modo.

L'uso di trucchi per il controllo della mente è il modo migliore per influenzare sottilmente le persone. Non sbagliatevi però, perché anche se questi trucchi non hanno nulla a che fare con la magia, ma producono risultati sorprendenti. Queste tecniche possono essere usate a vostro vantaggio rendendovi più efficaci negli affari o nella vita personale.

Ci sono molte tecniche da imparare se si vuole provare ad usare trucchi per il controllo della mente. È possibile utilizzare la psicologia inversa, che è in realtà il trucco più antico del libro. La realtà è che chiunque può usarlo, cioè chi è abbastanza intelligente. Le persone usano la psicologia inversa quando sanno che ciò che vogliono non sarà approvato da altre persone. Invece di essere insistenti fino al punto di essere fastidiosi, alcune persone scelgono di andare dall'altra parte e aspettano semplicemente l'opposizione. Alla fine, si arriva a desiderare di aver convinto altre persone ad essere d'accordo con ciò che si vuole anche se pensano che sia stata una loro idea.

Un altro trucco per il controllo della mente è quello di essere sempre positivi. Questo è il più facile, perché basta evitare di soffermarsi su pensieri negativi. Per quanto possibile, togliete le parole: Non, No e Non dal tuo vocabolario. Invece di dire a te stesso: "Non puoi" insistete sul fatto che "puoi". Questo dà alla tua mente la possibilità di credere di poterlo fare davvero e alla fine la tua mente dirà al tuo corpo che tutto è possibile. Devi tenere a mente che le persone reagiscono negativamente ai pensieri negativi, quindi pensa, senti e agisci in modo positivo. In questo modo, le altre persone ti vedranno come una persona affidabile e degna di fiducia.

La tecnica della confusione è probabilmente la tecnica migliore, soprattutto se si vuole mettere qualcuno di guardia. Nessuno vuole confondersi, e anche se lo facesse, non lo ammetterebbe subito. Una persona di grande successo deve essere sempre sicura di sé e in tutto ciò che fa. Cercate di confondere quella persona, e sarà troppo imbarazzato per negarvi tutto ciò che volete. Questo è il modo perfetto per influenzare qualcuno e convincerlo a fare esattamente quello che vuoi.

Questi trucchi per il controllo della mente sono davvero molto utili, ma possono anche portare ad alcuni problemi se non vengono utilizzati correttamente. Dovete ricordare che dovete usare tecniche ben custodite se volete ottenere il controllo di ogni situazione. È possibile migliorare efficacemente se si è sottili nell'applicare i trucchi, e se si ha la pazienza di praticare il mestiere. Questi metodi possono sembrare facili da fare, ma devono essere appresi e praticati bene se si vogliono ottenere i migliori risultati.

28

9 AZIONAMENTI DI PSICOLOGIA CHE VI AIUTERANNO AD OTTENERE LA VOSTRA STRADA SENZA CREARE NEMICI

TRATTARE CON I COLLEGHI, la famiglia o gli amici - diciamolo, trattare con *le persone* - non è una passeggiata nel parco. Sia che siate terribili nel confronto, sia che dobbiate trovare un modo per spegnere gli incessanti "perché" dei vostri figli, le persone su **reddit** hanno condiviso efficaci trucchi psicologici che vi aiuteranno ad ottenere ciò che volete, facendo sentire l'altra persona come se la steste acclamando per tutto il tempo.

Continuate a leggere per alcuni hack di controllo della mente che sono così utili nella vita di tutti i giorni, ci chiediamo perché non li insegnano all'asilo.

1. Trattare con i colleghi incessantemente chiacchieroni.

Chiunque lavori in un ufficio sa che *un* collega chiacchierone che si prende ogni possibilità di arrivare a postare alla tua scrivania e non ti lascia mai in pace. Se hai bisogno di lavorare, o vuoi semplicemente tornare a Gchatting e al Solitaire e farti gli affari tuoi, alzati e riempi la tua bottiglia d'acqua mentre loro ti parlano. Potete anche aggiungere un "Passeggiata con me?" come misura supplementare.

Poi, invece di tornare alla tua scrivania, accompagnali alla loro. Una volta raggiunta la loro scrivania, si siederanno istintivamente.

Poi puoi terminare ordinatamente la conversazione e tornare a fare quello che vuoi.

2. Quando i bambini non smettono di chiedere "Perché?

Certo, questo è uno stadio naturale dello sviluppo umano, ma perché è così dannatamente fastidioso? Forse perché a noi adulti non resta molto da chiedersi e non possiamo avere a che fare con i piccoli che non sanno scrivere abbastanza bene da portare le loro domande su Google.

Invece di fare quello che hanno fatto i nostri genitori e di urlarci in faccia con rabbia "Perché l'ho detto io", provate questo approccio pedagogico più moderno: Quando tuo figlio, o qualsiasi altro bambino, ti colpisce ripetutamente con un "perché", rispondi con un "non sono sicuro, cosa ne pensi?

In questo modo penseranno alla loro stessa domanda. Potete anche fornire qualche feedback come "Mi sembra buono", e loro andranno avanti. È una manna dal cielo di una tecnica.

3. Per evitare il dramma in piccoli gruppi.

Che si tratti del vostro ufficio, della scuola o del vostro gruppo di amici, il modo migliore per diventare (e rimanere) benvoluti è quello di fare i complimenti alle persone alle loro spalle. Basta canalizzare il vostro migliore **Michael da *The Office***.

E se hai a che fare con i colleghi o gli amici cattivi, puoi mettere a tacere i loro pettegolezzi sulla Persona X spiegando come "La Persona X è così brava a [qualunque cosa sia], però" o qualche tipo di complimento sulla persona che stavano cestinando per mandare il messaggio che non hai intenzione di alimentare il loro fuoco.

4. Quando si vogliono ottenere informazioni da qualcuno.

Invece di insistere per ottenere informazioni o offrire consigli, iniziate una conversazione relativa a qualsiasi argomento di cui volete saperne di più. Poi, ascoltate e basta. Può sembrare ovvio, ma molte persone si buttano subito a capofitto con domande o osservazioni.

Piuttosto, lasciate parlare la persona. Se si ferma, aspetta e continuerà a parlare e ad aggiungere qualcosa a quello che ha appena detto per riempire il silenzio. Se è timido, mantenete il contatto visivo e fate un cenno con la testa per incoraggiarli ad andare avanti.

Nelle situazioni in cui si ha a che fare con una persona sconvolta o emotiva e si ha bisogno di farla comunicare, una persona che lavora nei servizi di emergenza ha condiviso il suo provato e vero trucco: "Chiedere il suo numero di telefono/indirizzo/SSN/birthdate può tirarla fuori dal luogo emotivo e riportarla in uno spazio mentale dove può parlare di ciò che è successo più facilmente".

5. Se volete che i vostri dipendenti vi ascoltino.

Se gestisci un grande team, probabilmente sai che è difficile convincere le persone ad ascoltarti o a fare ciò che è necessario. Alcuni hanno trovato efficace dire "ho bisogno del tuo aiuto" per coinvolgere gli altri, perché le persone vogliono sentirsi necessarie e hanno un impatto sul posto di lavoro. Esprimere questo per loro li fa sentire apprezzati e come se il loro tempo significasse qualcosa per voi.

Allo stesso modo, se avete bisogno di qualcuno che cambi il modo in cui sta facendo qualcosa, chiedetegli di aiutarvi a fare in modo che gli altri lo facciano correttamente. Piuttosto che accusare la persona di fare qualcosa di sbagliato, dare loro la responsabilità di essere un modello positivo per gli altri fa miracoli nel farli sentire fiduciosi e desiderosi di aiutare.

6. Quando devi dire a qualcuno di smettere di fare quello che sta facendo.

Il confronto è qualcosa con cui molti di noi hanno difficoltà a confrontarsi, perché ci vuole un tipo specifico di personalità per sentirsi bene nel chiamare qualcuno per qualcosa che ha fatto. Una persona che lavora come agente di pattuglia in una zona selvaggia ha condiviso il modo migliore per tenere le persone con i cani fuori dalle loro tracce.

Invece di urlare loro di portare i loro cani, chiedono a chi li porta a spasso se *cercano un* posto dove portare a spasso i loro cani. Questo dà al trasgressore la possibilità di fingere di non conoscere la regola (o di saper leggere i segnali) e gli permette di non perdere la faccia. Poi, l'ufficiale consegna loro un opuscolo con dei percorsi adatti ai cani.

Questa strategia funziona bene in diverse situazioni. La chiave è costruire mentalmente la giustificazione più caritatevole per i misfatti di qualcuno, dandogli poi la possibilità di prendere questa spiegazione come una via d'uscita.

7. Per vincere una discussione.

Secondo molti, capire come vincere una discussione è come una superpotenza. Invece di prendersela l'uno con l'altro fin dall'inizio, trovate prima qualcosa su cui mettervi d'accordo. Poi, spingete il vostro punto principale.

Punti bonus per il gioco mentale se si può cambiare qualsiasi istanza di "Lo so" con "Hai ragione". Questo farà sentire l'altra persona davvero bene con qualsiasi cosa abbia appena scoperto, invece di farti sembrare un cretino sapientone.

8. Se avete bisogno di ricordare qualcosa.

Questo è un hackeraggio che siamo ansiosi di provare, considerando quanto sia facile dimenticare le cose di questi tempi. Se siete senza il vostro telefono per impostare manualmente gli allarmi e le sveglie, pensate a fare quello che dovete ricordarvi di fare mentre fate qualcosa di particolarmente insolito. Questo vi aiuterà ad associare la memoria a quella cosa insolita, così la noterete più tardi.

Per esempio, se avete bisogno di ricordarvi di portare fuori la spazzatura prima di andare a letto, mettete il cuscino in un posto inaspettato, come ai piedi del letto. Quando entrerete in camera da letto e noterete il cuscino, vi accorgerete che è ora di portare fuori anche la spazzatura.

. . .

9. Quando è necessario tagliare corto.

Chi non si è trovato nella situazione in cui si è imbattuto in un conoscente e preferisce fingere di essere invisibile e camminare dall'altra parte? Una persona ha condiviso un trucco che la moglie chiama "la cosa più semplice e manipolativa" che fa, ma che fa meraviglie nel far sentire bene l'altra persona *e le fa* venire voglia di lasciare lo stop-and-chat anche più di te.

Ecco come potrebbe andare la conversazione:

Tu: Ehi! Come va, [nome]? Ti trovo bene!

Loro: Grazie, sto bene. Tu come stai?

Tu: Tu: Alla grande! Sto andando a [ovunque tu sia diretto] perché [perché sei diretto lì]. Che ci fai qui?

Loro: [Entra nello stesso livello di dettaglio per spiegare dove stanno andando e perché].

Tu: Ok! Allora non ti trattengo più, buona giornata, [nome]!

Questi trucchi vi faranno sembrare una persona migliore e vi faranno sentire anche voi una persona migliore. Potete ringraziarmi più tardi.

COME CONTROLLARE LA MENTE DI QUALCUNO SENZA CHE LO SAPPIA

No, si può spiegare in breve **come controllare la mente di qualcuno senza che lo sappia?** Perché non c'è ancora un metodo da sviluppare che permetta di avere il controllo su qualcuno. Tuttavia, la scienza non è in grado di farlo. Ma forse vi sorprenderà sapere che il tempo immemorabile era molto più forte di quello attuale. Quell'epoca era la pratica dei mantra.

Tuttavia, il mantra di questo era abbastanza forte da poter garantire la vittoria anche nelle guerre. Così come, quando si trattava di mantra allora erano presenti anche quei mantra che erano così intricati nei poteri. Così, con l'aiuto di essi, una persona comune poteva anche avere il controllo su qualche persona benestante.

Come ipnotizzare e controllare la mente di qualcuno senza che lo sappia?

- È spesso una delle domande più importanti che si pongono le persone che vogliono ottenere il controllo su qualcuno. Inoltre, non è così facile per tutti. Ma non impossibile, perché il nostro specialista vashikaran lo ha reso possibile. A questo scopo, ha fatto uso di vashikaran.

Qual è uno degli indescrivibili metodi di ipnosi che non può essere spiegato in breve?

- Vashikaran è una e l'unica cosa che ancora non si riesce a capire. Perché è talmente intricato nel potere che con l'aiuto di, si può anche attrarre, persuadere, convincere, convincere e avere il controllo su qualcuno che si vuole. Questo metodo è stato sviluppato dai nostri antenati fin dall'antichità. Perché è uno dei metodi più reattivi che aiutano uno qualsiasi degli individui ad avere il controllo su un'altra persona.

- Ma per farti sapere di più su **come controllare la mente di qualcuno senza che lo sappia?** Ecco un metodo efficace che vi permette di avere il controllo su un'altra persona. Inoltre, che non è altro che vashikaran. Allo stesso tempo, che non ti permette mai di metterti nei guai identificando la tua identità. Così, contemporaneamente, con l'aiuto di esso, si può facilmente avere il vostro desiderio individuale nel vostro controllo. E senza che lo sappiano sarete in grado di fare vashikaran su di loro.

Come controllare la mente di qualcuno a distanza senza che lo sappia?

Quando si tratta di vashikaran allora non c'è più bisogno di chiedere **come controllare la mente di qualcuno a distanza?** Perché svolge il suo ruolo cruciale come uno dei metodi di ipnosi più efficaci. Con l'aiuto di, si può facilmente convincere qualsiasi individuo a lavorare sulla vostra base. O in realtà è difficile farlo, ma d'ora in poi non è più così impossibile.

Perché con l'aiuto di esso, si può facilmente avere qualsiasi individuo sotto il proprio controllo. Anche se è il vostro nemico, il vostro amore o qualsiasi altra persona da cui volete attirare verso di voi. Allora tutte queste cose si possono facilmente rendere possibili. Proprio qui, con l'aiuto del nostro specialista. È un esperto di vashikaran, che ha una breve conoscenza di vari aspetti del vashikaran.

Allo stesso modo, con l'aiuto di loro, può anche portarvi qualsiasi persona, anche se si trova molto lontano da voi. Il vostro obiettivo di averli sotto il vostro controllo o di farli lavorare sotto la vostra base sarà raggiunto con successo. Quindi, per saperne di più su **come controllare la mente di qualcuno senza che lo sappia?** Allora meglio sarà contattare il nostro specialista perché è un aspetto potente che può essere fornito solo sotto alcune contraddizioni.

Come controllare la mente di qualcuno per amarti senza che tu lo sappia?

Anche se, è una delle domande più recenti che di solito gli amanti si pongono di solito **come si fa a controllare la mente di qualcuno per amarti?** Perché l'amore è uno dei sentimenti più belli del mondo che non avrebbe dovuto essere ignorato. Soprattutto se i problemi ci sono arrivati. Se anche tu ti sei innamorato di qualcuno. Allo stesso tempo, se anche voi state cercando la via che potrebbe fornirvi la vittoria sul vostro amore.

Allora è il posto giusto per voi dove potete facilmente avere qualsiasi individuo sotto il vostro controllo. Il nostro specialista è un esperto vashikaran. Nella sua guida suprema, potete veramente portare qualcuno verso di voi. Ora non dovrete più sacrificare il vostro amore. Al contrario, la persona a cui siete innamorati sarà nella vostra vita. Completamente sotto il vostro controllo. Per saperne di più su **come controllare la mente di qualcuno senza che lo sappia** contattate il nostro specialista.

In conclusione:

Se si vuole ipnotizzare qualcuno senza conoscerlo. e si desidera anche risolvere i propri problemi. o si tratta di amore o di qualsiasi altro con l'aiuto dell'ipnotismo può essere facilmente risolto.

30

USARE LE TECNICHE DI CONTROLLO MENTALE PER FARTI AMARE DA QUALCUNO

L'uso di tecniche di controllo della mente per farti amare è fondamentalmente una forma moderna di incantesimo d'amore. Anche se in questo caso non ci si affida alla magia, ma ai meccanismi della natura umana. E sono molto più affidabili.

Quando ami qualcuno che non ti ama, può essere una situazione dolorosa e dolorosa. L'amore non corrisposto ha spinto molte persone a suicidarsi.

Cosa si può fare? Una possibilità sarebbe quella di andare avanti e trovare qualcun altro da amare. Ma se senti che questo non è possibile, puoi prendere in mano la situazione e farti amare dall'altra persona. Con il controllo della mente.

Prima di entrare nei dettagli di come si fa, facciamo però una cosa molto chiara: per poterlo fare, bisogna davvero amare l'altra persona ed essere un buon partito per lui o per lei. Dovete essere in grado di contribuire con qualcosa di positivo alla sua vita. Altrimenti, potreste finire per creare una storia d'amore romantica, ma triste e distruttiva, che non è fatta per durare. Se però siete veramente impegnati, allora potete fare le cose necessarie per farla funzionare. E con questo non intendo solo che usi il controllo della mente per farti amare dall'altra persona, ma che sei anche disposto a cambiare te stesso in qualche modo.

Ora una delle cose più importanti nel creare amore e attrazione è capire che si tratta di un gioco di potere. Le persone sono attratte da coloro che percepiscono avere più potere.

Se la persona che vuoi far innamorare di te crede che salteresti ad ogni occasione per diventare il suo partner, questo diminuirà automaticamente il suo interesse per te.

Così, si vuole chiarire che l'altra persona deve fare uno sforzo per essere considerata anche da voi. Dimostrate all'altra persona che siete in parte indifferenti. Siate gentili, divertitevi, divertitevi e prendetevi gioco di voi stessi. Sia gli uomini che le donne sono attratti dalle persone intorno alle quali si sentono bene e che li prendono in giro.

È consigliabile che lo *pratichiate*, perché è un'abilità come un'altra. E dovreste praticarla prima con persone con cui non volete avere una relazione. Una volta che vi sentite sicuri della vostra capacità di stuzzicare e attrarre le persone, potete usare queste tecniche sulla persona che volete far innamorare di voi.

31

OTTO MODI D'AMORE PER MANIPOLARE QUALCUNO IN MODO DA AMARTI

A VOLTE ABBIAMO bisogno di qualcuno che ci ami, e sappiamo che la manipolazione è il modo per ottenerlo, ma temiamo gli effetti negativi. Ecco otto trucchi che potete usare e che non credo causino alcun danno, perché funzionano sempre quando qualcuno li usa su di me. Provateli non solo sugli amanti, ma anche su genitori, fratelli e sorelle, amici e tutti quelli con cui avete difficoltà ad andare d'accordo, ma che non vogliono ancora smettere.

Fissare qualcuno negli occhi per 60 secondi per indurre sentimenti simili all'amore.

L'ho visto in un programma televisivo una volta su "How to Make Someone Fall in Fall in Love With You" e ho subito iniziato a testarlo. Per esempio, guarda un film preferito come *Mamma Mia!* con un potenziale compagno, e poi alla fine del film quando si aspetta che tu dica qualcosa tipo: "Quella Meryl. Lei è davvero qualcosa", invece basta fissarlo negli occhi. Quello che succederà non è che si innamorerà di te. Invece si confonderà. Lo vedrai nei suoi occhi. Potrebbe anche dirti: "Che stai facendo?". Ora questo è importante. Non dire nulla. Continua a fissare. Magari aggiungete un sorriso, o un "sorriso" (sorridete con gli occhi, se avete esperienza). Se dici qualcosa adesso, probabilmente sarà qualcosa di stupido. Lasciate che sia lui a dire qualcosa, invece. Probabilmente inizierà a balbettare e si sentirà confuso e vulnerabile. Ora l'avete preso! Nella mia esperienza, le persone spesso scambiano uno stato di confusione con sentimenti d'amore. Almeno io lo faccio.

Ascolta per far credere a qualcuno che sei misterioso e carismatico.

Una corretta messa in scena è fondamentale per far funzionare questo. Fate sedere la vostra amata su una sedia su un lato della stanza, magari al tavolo della cucina. Tu ti sdraierai su un divano all'estremità opposta della stanza. La distanza farà sì che il vostro amato si senta insicuro di sé, e allo stesso tempo si sentirà come se fosse sotto i riflettori: perfetto per confessioni inaspettate. Inoltre aiuta se la persona sa molto poco di te, perché questo si aggiunge al tuo "mistero", quindi approfitta di questo trucco nelle prime fasi della storia d'amore. Ecco: qualunque sia l'ultima cosa che la persona ha detto nella conversazione, tu dici: "Dimmi di più". Per esempio, se lui dice: "I Chipmunk sono uno dei miei tre roditori preferiti", tu dici: "Dimmi di più".

Lasciamolo continuare a rivelare cose di sé in una catena: come sua madre lasciava le noccioline nel patio fuori dalle porte-finestre per guardare gli scoiattoli che si riempivano le guance; come sua madre legava le noccioline con lo spago e poi faceva il tiro alla fune con lo scoiattolo una volta che le sue guance erano piene; come sua madre aveva uno strano senso dell'umorismo e uno strano rapporto con gli animali; come era insolitamente vicino a sua madre quando era piccolo. Una volta che si renderà conto della profondità delle cose che ha iniziato a rivelarvi, penserà che avete dei poteri misteriosi e vi considererà con soggezione. A questo punto, con disinvoltura, fategli spazio sul divano.

Chiedete aiuto per far sentire qualcuno competente e importante in vostra presenza.

Trova una cosa a caso che quella persona sappia fare. Per esempio, se è un avvocato, potrebbe essere "stilare contratti". Ora, pensate a qualcosa per cui potreste aver bisogno di un contratto. Non importa se si tratta di una reale necessità legale. Anzi, è meglio se non lo è: ti farà sembrare ancora più irrazionale e bisognoso di cure. Per quanto riguarda gli ambienti, non incontratevi in un luogo neutrale, come un caffè. Insistete invece sul fatto che non volete disturbarlo o fargli fare uno sforzo e dite che passerete da lui, molto velocemente, magari la sera dopo il lavoro.

Presentatevi con l'aria stanca, per esempio con i capelli lavati e pettinati, ma con un ciuffo appiccicato; oppure con la camicia pulita e stirata, ma con tutti i bottoni staccati di uno. Entrate in casa sua farfugliando qualcosa, come se foste nervosi e non sapeste cosa fare. Digli che il tuo capo o tuo padre o qualche altra figura spaventosa ti ha detto che se non hai questo documento legale ti farà "a pezzi" e sembrerà sinceramente spaventato. Ora il tuo amico avvocato farà del suo meglio per calmarti e aiutarti, e si sentirà competente e importante in tua presenza. Nel dare a voi, darà per scontato che ne valga la pena.

Ricordare i nomi dei membri della famiglia di qualcuno per fargli sentire che le storie che racconta sono divertenti.

Se avete difficoltà a ricordare dettagli come i nomi, ecco alcuni consigli. Uno: ripetete subito i nomi dopo che il vostro amato li ha pronunciati. Per esempio, se racconta una storia sulla "cugina Anna" rispondete subito: "Oh, quella cugina Anna, le voglio bene". Questo gli farà pensare che tu te la ricordi davvero quando non fai altro che ripetere quello che ha detto. Rinforzerà anche il nome della cugina Anna nel tuo cervello, così la prossima volta che inizierà a dire: "Mia cugina...", potrai immediatamente ripetere: "Oh Anna? Poi sorriderà e dirà "Sì", sorpreso che te la ricordi.

A quel punto dirà: "Anna, io amo Anna". Questa è la seconda mancia: Dire "Amo" 'Anna' o 'tua sorella Margaret' o chiunque sia davvero importante e utile, perché lo farà sentire come se tutta la sua famiglia fosse un gruppo di personaggi divertenti - o meglio ancora, che il modo in cui racconta le storie fa sembrare che la sua famiglia sia un gruppo di personaggi divertenti. Comincerà a cercarti continuamente, a rivivere quella sensazione di sentirsi divertente.

Ricordate il nome oscuro della città natale di qualcuno, e poi quando siete in un gruppo di persone e lui inizia a raccontare una storia su dove è cresciuto, dite "Vuoi dire" ______[riempire il nome della città natale] per farlo sentire come se facesse impressione sulla gente.

Ricordare i nomi dei familiari e dei parenti di qualcuno fa sentire una persona come se le sue storie fossero divertenti. Ricordare il nome della città natale di qualcuno - qualcosa che a lui sembra un dettaglio casuale, una mania del destino, il luogo in cui l'universo ha deciso che avrebbe avuto un'infanzia solitaria senza amici - lo farà sentire come se anche i dettagli più banali di se stesso facessero impressione sugli altri. Gli farà anche pensare che hai fatto uno sforzo per ricordare questo pezzo di banalità - e forse l'hai fatto, scrivendo su un pezzo di carta che tieni nel portafoglio. Se ha problemi psicologici sul fatto che "nessuno si è mai sforzato di amarlo", allora sarete già in vantaggio. La presenza di un gruppo di persone, quando pronunci il suo nome, ti confermerà che non sei imbarazzato di stargli vicino e forse lo farai anche sentire una star. Basta che non gli lasciate trovare il pezzo di carta o penserà che siete degli stalker.

Perdere il *monopolio di* proposito.

Ci sono due modi per vincere il *Monopoli - onestamente* e disonestamente - e nessuno dei due può far sì che qualcuno che stai giocando contro l'amore ti ami. Se vinci onestamente, l'altra persona si sentirà come un perdente incompetente in tua presenza, e questo non porterà a sentimenti d'amore nel suo cuore. Se vinci in modo disonesto, ti accuserà di non fare abbastanza per aiutarlo a vincere e di non sapere come "godersi il gioco" e di dover vincere a tutti i costi. Il monopolio è come un catch-22, perché non puoi vincere la partita e vincere il suo amore, e se vince lui, allora dovrai fare i conti con lui che si fa carico della sua vittoria su di te per le prossime tre ore. Una soluzione di compromesso: se giochi in un gruppo di persone, perdi molto presto all'inizio della partita, e poi ti offri di "stargli vicino" e di "stare in squadra con lui". Poi puoi iniziare a prendere decisioni per lui e vincere la partita per lui, e sentirti come un vincitore nel tuo cuore mentre gli dici "è stato tutto merito tuo, sei il migliore in questo gioco". Questa è quella che io chiamo una situazione vantaggiosa per tutti.

Ridere alle battute di qualcuno per farlo sentire divertente.

Ridete di ognuno di loro. E fatelo con una risata coraggiosa. "Ha ha ha ha!" Ogni volta: "Ha ha ha ha!" Se ti chiede: "Ridi alle mie battute perché sei americano e sei troppo amichevole", tu rispondi: "No, rido perché ti trovo molto divertente". NOTA: Se non lo trovi divertente è segno che non sei innamorata. Cerca invece di trovare ragazzi che pensi siano divertenti, questo ti renderà una persona più onesta anche quando riderai.

Sii te stesso.

Questo significa che cose come ammettere che il tuo sito web preferito era una volta una cosa chiamata "Airline News" e che conosci la disposizione dei posti a sedere di ogni tipo di aereo di linea, o che ti piace scrivere di cose importanti come "La geopolitica e il perno dell'Asia", o che invece scrivi dei saggi furtivi su modi utili per manipolare gli altri. Un consiglio: Queste sono le mie idiosincrasie. Non cercare di rubarmele. A meno che non cerchi di sedurmi. Cos'è quella cosa che dicono sull'imitazione?

32

COME FARE IN MODO CHE QUALCUNO TI AMI CON IL CONTROLLO DELLA MENTE

L'UTILIZZO di tecniche di controllo della mente per creare qualcuno che ti adora è essenzialmente un tipo contemporaneo di incantesimo di adorazione. Anche se in questo caso non ci si affida alla magia, ma ai meccanismi della natura umana. E sono molto più affidabili.

Ogni volta che adori qualcuno che non ti adora, può essere uno scenario doloroso e angosciante. L'adorazione non corrisposta ha spinto numerosi individui a suicidarsi.

Cosa si può fare? 1 scelta sarebbe quella di andare avanti e scoprire qualcun altro da adorare. Ma nel caso in cui si ritenga davvero che ciò non sia fattibile, si è in grado di prendere in mano la situazione e farvi adorare dall'individuo opposto. Con il controllo della mente.

Prima di entrare nei dettagli di come si può fare, facciamo 1 fattore estremamente chiaro, anche se: per essere in grado di essere utile, si dovrebbe veramente adorare l'individuo opposto ed essere un grande partner per lui o lei. Dovete avere la capacità di dare un contributo positivo alla sua vita. Altrimenti, potreste finire per fare una storia d'amore romantica, ma triste e distruttiva, che non è prodotta per durare. Se tuttavia siete veramente impegnati, allora siete in grado di fare le cose che sono essenziali per farla funzionare. E con questo non intendo dire solo che si usa semplicemente il controllo della mente per creare l'individuo opposto che ti adora, ma che semplicemente sei anche disposto a modificare il tuo io in alcuni aspetti.

Ora 1 delle questioni probabilmente più essenziali nel fare adorazione e attrazione sarebbe comprendere che si tratta di un gioco di energia. Gli individui sono attratti da coloro che percepiscono di avere molta più energia.

Se l'individuo che intendete semplicemente farvi adorare con voi crede che saltereste ad ogni occasione per rivelarvi il suo partner, il che ridurrebbe automaticamente il suo interesse nei vostri confronti.

Pertanto, si vorrebbe creare chiaro che l'individuo opposto deve creare uno sforzo per essere considerato come da voi. Mostrate all'individuo opposto che siete semplicemente indifferenti a qualche componente. Siate buoni, divertenti, divertenti, divertenti e stuzzicanti. Ogni uomo e ogni donna sono attratti da individui intorno ai quali si sentono veramente grandi e che li prendono in giro.

È consigliabile applicare semplicemente questo, semplicemente perché è un'abilità come un'altra. E bisogna applicarla inizialmente con persone con le quali non si desidera avere una relazione. Una volta che vi sentite sicuri della vostra capacità di stuzzicare e attrarre gli individui, siete in grado di utilizzare questi metodi intorno all'individuo che vorreste far innamorare di voi.

33

INDUZIONI IPNOTICHE

IL PRIMO PASSO DELL'IPNOSI, un'induzione ipnotica, è il processo che un ipnotizzatore utilizza per mettere il cliente in uno stato di maggiore apertura alla suggestione (noto come trance). Ci sono molti tipi di induzione.

- Tecnica di rilassamento

Perché i terapeuti chiedono di "mettersi a proprio agio" e di fornire un comodo divano in pelle su cui sdraiarsi? È più di una comune cortesia. Il rilassamento è un metodo comune usato dai terapeuti e una tecnica di ipnosi per principianti. Se il cliente è rilassato, può cadere in trance e la mente è aperta alla suggestione. È più probabile che parli con voi e che sia aperto a suggerimenti indiretti. Ecco alcuni metodi comuni di rilassamento:

- Mettetevi comodi
- Stendersi
- Conto alla rovescia nella tua testa
- Respirazione controllata
- Rilassamento e tensione muscolare
- Parlate con un tono morbido

- Tecnica della stretta di mano

Milton Erickson - il padre dell'ipnoterapia - è famoso per aver usato la tecnica della stretta di mano come un modo per indurre la trance ipnotica. Le strette di mano sono la forma di saluto più comune nella nostra società. La tecnica della stretta di mano scuote il subconscio sconvolgendo questa comune norma sociale. Invece di stringere la mano normalmente, l'ipnotizzatore interromperebbe il modello che la nostra mente ha stabilito afferrando il polso o tirando il soggetto in avanti e fuori equilibrio. Con lo schema interrotto, la mente del subconscio è improvvisamente aperta alla suggestione.

- Spunti per gli occhi

Ci sono due sfere del cervello - la destra gestisce il lato più "creativo" e cosciente e la sinistra quello "pratico" e subconscio. In ogni conversazione cerchiamo il feedback dell'ascoltatore per vedere come reagisce alle nostre affermazioni. Osservate gli occhi del soggetto. Guardano a destra, accedendo al conscio o a sinistra al subconscio? Sono fissati su un oggetto nella stanza? Se stanno accedendo al subconscio, si può dare un suggerimento di cui non sono coscienti.

Suggerimento avanzato: contatto oculare insertivo

La lettura dei movimenti oculari di un ascoltatore è un caso d'uso comune. Ma sapevate che, in qualità di oratore, potete anche eseguire un'induzione ipnotica sull'ascoltatore con i vostri movimenti oculari? Questa nuova tecnica è stata sviluppata e testata da Stephen Brooks.

- Visualizzazione

La visualizzazione può essere utilizzata sia per indurre la trance che per dare suggerimenti. Per esempio, chiedete al vostro soggetto di richiamare una stanza che gli è molto familiare. Immaginate ogni dettaglio di quella stanza: il pavimento, la forma delle finestre, il dipinto sul muro, l'odore, la luce. Poi, spostatevi in una stanza che gli è meno familiare. Mentre faticano a ricordare i dettagli esatti, aprono la mente alla suggestione.

Suggerimento avanzato: Utilizzate la visualizzazione per richiamare ricordi positivi e associarli a un comportamento gratificante o per cambiare la percezione di un'immagine negativa.

- Immagini ed esperienze positive (matrimonio, figlio, compleanno, laurea)
- Scartare le immagini cattive (magari buttarle nella spazzatura)

- Tecnica di "levitazione" del braccio

Con questa classica tecnica Ericksoniana, il cliente inizia chiudendo gli occhi. Gli si chiede di notare la differenza di sensibilità tra le braccia. L'ipnoterapista suggerisce le sensazioni di ogni braccio. Per esempio, si potrebbe dire che il braccio è pesante o leggero, caldo o freddo. Il cliente entra in trance e può alzare fisicamente il braccio o semplicemente far credere alla sua mente di averlo alzato. In entrambi i casi, l'induzione ha avuto successo.

- Improvviso shock/caduta all'indietro

Procedete con cautela! Come nella tecnica della stretta di mano, un soggetto che si trova in stato di shock può entrare in trance. Non sosterrei mai l'idea di causare dolore fisico a un soggetto, ma Erickson una volta lo dimostrò calpestando il piede di una donna e seguendolo con un suggerimento. Una versione più mite sarebbe la "caduta della fiducia" di cui potreste aver sentito parlare o aver partecipato a un evento di team building. La sensazione di cadere all'indietro scuote il sistema e apre la mente al suggerimento, tuttavia, si deve essere certi di non far cadere l'argomento.

- Fissazione dell'occhio

Vi è mai capitato di "mettere a tacere" e di fissare un oggetto interessante nella stanza mentre qualcuno sta parlando? Ti è mai sfuggito completamente quello che hanno detto? Potresti essere stato in trance.

Qualsiasi oggetto di messa a fuoco può essere utilizzato per indurre la trance. Gli esempi più famosi sono il "pendolo di potenza" o un "orologio da tasca oscillante" - anche se questi due oggetti sono ora associati all'ipnosi da stadio hokey. È più probabile che si fallisca e si incontri resistenza usando questi oggetti, a causa della loro reputazione.

Tuttavia, ci sono due segreti dietro la fissazione degli occhi. In primo luogo, l'oggetto tiene occupata la mente cosciente, aprendo il subconscio alla suggestione. In secondo luogo, gli occhi si stancano fisicamente quando si fissano o si muovono avanti e indietro.

Esempio: Provate a guardare il soffitto per qualche minuto (senza piegare il collo). Gli occhi si stancano naturalmente e cominciano a chiudersi.

• Bodyscan

Un metodo popolare per l'autoipnosi. Partendo dalla parte superiore del corpo con gli occhi chiusi, scansionate lentamente dalla testa ai piedi. Notate ogni sensazione - il respiro che dilata la cassa toracica, la sedia sulla schiena, il dolore al gomito, ogni dito allungato, i piedi per terra. Ripetete il processo dal basso verso l'alto. Continuate a scansionare su e giù fino a quando non entrate in trance.

Suggerimento avanzato: La scansione del corpo può essere impilata con altre tecniche di induzione dell'ipnosi come il conto alla rovescia e il rilassamento per aumentare l'efficacia.

• Conto alla rovescia Respirazione

Avrete sentito parlare della respirazione controllata per la meditazione, ma può anche essere una forma facile di autoipnosi. Ecco come funziona:

• Chiudete gli occhi e sedetevi in piedi su una sedia, con le braccia sulle ginocchia.

- Respirate profondamente attraverso il naso ed espirate dalla bocca.
- Usando respiri lenti controllati, conto alla rovescia a partire da 100.
- Ogni espirazione conta come un intervallo.
- Alla fine potresti essere in trance. Se non si continua l'esercizio facendo il conto alla rovescia da un numero più alto.

SUGGERIMENTI IPNOTICI

UN SUGGERIMENTO è il comportamento desiderato che deve essere eseguito dal cliente. I suggerimenti post-ipnoticivengono forniti dopo che una persona ipnotizzata entra in trance - uno stato in cui è più aperta all'influenza. Ci sono due scuole di pensiero per i suggerimenti.

1. Suggerimento indiretto

Erickson è stato un campione di suggestione indiretta. È uno dei preferiti dagli ipnoterapisti certificati perché questo metodo mette il controllo nelle mani del soggetto piuttosto che in quelle autoritarie - rispettando i confini del paziente e l'etica clinica. Inoltre si è dimostrato più efficace per i soggetti che sono resistenti o scettici della trance. Piuttosto che "ordinare" un soggetto di rilassarsi (suggerimento diretto), si potrebbe dire:
"Potresti voler chiudere gli occhi, quando ti sentirai a tuo agio".

1. Suggerimento diretto

Nell'ipnosi conversazionale, un suggerimento diretto è un comando esplicito per eseguire una certa azione. Anche se potente, a volte è visto come non etico, perché come autorità (un medico o un ipnotizzatore) si detiene il potere sul cliente. Il cliente non controlla la decisione di cambiare comportamento con questo metodo. L'esperimento della prigione di Stanford è stato un esempio infame di utilizzo dell'autorità, dell'obbedienza e dei suggerimenti diretti per manipolare i soggetti.

Ecco alcuni classici suggerimenti diretti:

- "Andrai a dormire"
- "Smetterete di fumare"
- "Perderete peso"

1. Tono di voce

Il tono della vostra voce è particolarmente utile quando si tratta di dare suggerimenti. Questo può raddoppiare con altre tecniche (come il rilassamento).

"Potresti desiderare di *rilassarti*"

Nell'esempio di cui sopra, la parola "rilassato" è pronunciata in modo sommesso e allungato. Al contrario, si può fare un suggerimento diretto ad alta voce.

"Smetterete di fumare!"

Un'altra coppia perfetta per il tono di voce è la tecnica della confusione. Il terapeuta potrebbe variare il tono della voce dal sussurro alle grida, parlare con un accento diverso, o usare un dialetto, per confondere il soggetto.

1. Innesco ipnotico

Ci sono molte forme di trigger ipnotici. Un trigger ricorda al subconscio un'azione o un sentimento desiderato che è stato sugge-rito sotto ipnosi. Ecco alcuni esempi:

- Occhi che aprono gli occhi
- Suono di campana
- Schiocco di dita
- Batti le mani

- In piedi o seduti
- Aprire una porta

Ecco come un trigger ipnotico potrebbe applicarsi all'agorafobia:

"Quando apri una porta, potresti vedere la tua amorevole famiglia dall'altra parte".

35

LETTURA DEL LINGUAGGIO DEL CORPO

1. Comunicazione non verbale

GLI IPNOTISTI SONO ESPERTI nella comunicazione non verbale - dalla lettura del linguaggio del corpo del cliente alla trasmissione dei propri suggerimenti non verbali. Mentre un cliente potrebbe dire una cosa consapevolmente, il subconscio potrebbe raccontare una storia completamente diversa. Ecco alcuni esempi di come il subconscio potrebbe influenzare il linguaggio del corpo:

- Espressioni facciali
- Posizione del corpo
- Tono di voce
- Pacing
- Movimenti degli occhi
- Braccia incrociate
- La testa fa un cenno con la testa
- Faccia di copertura

1. Lettura a freddo

Potreste aver visto sensitivi, medium, ipnotizzatori teatrali o mentalisti eseguire una "lettura a freddo" in TV a scopo di intrattenimento. Anche se in genere è troppo diretto da usare con un cliente, potreste usare la lettura a freddo ad una festa o ad un evento di networking. Ecco come funziona la lettura a freddo. Ad esempio, se il soggetto non sorride, l'ipnotizzatore potrebbe chiedere:

H: *"Sei triste?"* - Cominciate a fare una domanda generale o vaga a partire dall'osservazione.

S: *"Sì"* - Se rispondono no, reimpostare e fare un'altra domanda vaga.

H: *"Qualcuno ti ha lasciato?"* - Esaminate e fate una domanda più specifica. Potrebbe trattarsi di una relazione o di un animale domestico o di un membro della famiglia.

S: *"Sì! Come facevi a sapere che il mio gatto birichino è morto?"*

1. Lettura a caldo

Con una lettura calorosa, si fa una dichiarazione che potrebbe valere per chiunque:

"Ti senti felice quando sei circondato da amici".

1. Lettura a caldo

Il tipo più difficile, perché è necessario avere una certa conoscenza preliminare della persona. Supponiamo che un loro familiare vi abbia contattato e vi abbia detto che la persona è stata coinvolta in un evento traumatico. Quando li incontrate, potreste concentrarvi sull'uso della tecnica della "regressione verso una causa" perché avete una conoscenza pregressa dell'evento passato.

36

TRIGGER E TECNICHE AVANZATE DI IPNOTERAPIA

- Il modello Swish

LE SOTTOMODALITÀ POSSONO ESSERE UTILIZZATE nel "modello swish" - una tecnica di programmazione neuro-linguistica utilizzata per associare o dissociare il cliente con determinati comportamenti. I cinque sensi sono considerati modalità (gusto, olfatto, vista, tatto, tatto, udito). Una **sottomodalità** è un sottoinsieme di questi sensi. Ecco alcuni esempi di sottomodalità:

- Luminosa o fioca?
- Grande o piccolo?
- A colori o in bianco e nero?
- Suoni forti o deboli?

Lo Swish Pattern inizia con una visualizzazione. Una volta che il cliente è in trance l'ipnotizzatore identifica una o due sottomodalità (luminosità, dimensione, ecc.). L'azione indesiderata è grande, focalizzata e luminosa in primo piano, mentre l'azione desiderata viene visualizzata come piccola e fioca sullo sfondo. Nel tempo necessario a dire "Swish" (l'omonimo metodo) l'immagine desiderata diventa rapidamente luminosa e grande nella mente del cliente.

- Direzione sbagliata

Vediamo che nel mondo reale, a volte quotidianamente, vengono usati degli indirizzi sbagliati, dalla politica allo spettacolo. Il prefisso "mis" significa sbagliato e "direzione" vi è attaccato, il che significa che il pubblico viene condotto nella direzione sbagliata. Ci sono due tipi di direzione sbagliata - una è letterale e l'altra è della mente.

Una dimostrazione familiare del primo sarebbe un mago che distrae la gente agitando una bacchetta nella mano sinistra e poi eseguendo un gioco di prestigio con la destra. Mentre il pubblico è male indirizzato, il mago si infila una carta nella manica dando l'illusione che sia "scomparsa".

Anche la direzione sbagliata può essere una visualizzazione:
"Quando diventi ansioso, immagina di rilassarti su una spiaggia".

Qui, un soggetto che ha a che fare con l'ansia viene erroneamente indirizzato alla visualizzazione di se stessi su una spiaggia. L'ipnotizzatore li ha indirizzati da un'immagine spiacevole verso una piacevole.

- Reframing

Di solito fatto come metafora, la riformulazione permette di cambiare la percezione di un'esperienza nella mente del cliente. Per esempio, immaginate di avere un cliente che vuole perdere peso. Rimane dentro e gioca ai videogiochi tutto il giorno. Potresti chiedergli di descrivere il processo per "salire di livello" il loro personaggio nel videogioco - cosa fanno, quanto tempo ci vuole, quanto è forte il personaggio all'inizio. E poi, "inquadrare" il processo di perdita di peso nella loro mente confrontandolo con il videogioco.

"Perdere peso è come salire di livello in un videogioco. Si inizia lentamente e ci si allena ogni giorno. All'inizio non vedi molta differenza, ma col tempo il tuo 'personaggio' diventa sempre più forte".

- Regressione da causare

Prima il cliente entra in una trance profonda dove può speri-mentare gli eventi come se fosse effettivamente presente (noto anche come sonnambulismo). Il terapeuta usa la visualizzazione per creare un "ponte di influenza" dove il cliente sperimenta un evento per la prima volta. Una volta identificata la causa, l'ipnoterapista può dare suggerimenti e rielaborare la situazione.

- Stimolazione del futuro

L'opposto della regressione, quando si chiede a un soggetto di visualizzare se stesso che compie le azioni e i comportamenti giusti in futuro. Piuttosto che guardare indietro nel passato per un evento negativo di fondo, si attende un evento con emozioni positive.

"Immaginate di aver finito il vostro discorso e la folla applaude. Vi sentite realizzati e sollevati".

- Ancoraggio

Quando registriamo un ricordo, tutti i sensi e le emozioni sono associati. Queste sono "ancore" nella memoria. Forse il cliente ha ancorato il comportamento del fumo di sigaretta con una pausa, il pasto, il sesso, le chiacchiere con gli amici e altri sentimenti piace-voli. L'ipnotizzatore può suggerire nuove ancore per un comporta-mento più positivo.

- Tecnica 3-2-1 di Betty Erickson

Betty Erickson era la moglie di Milton Erickson. Ha sviluppato il suo metodo per l'autoipnosi, noto come tecnica 3-2-1. La procedura inizia con gli occhi aperti. Si prende nota di 3 cose nella stanza che si possono vedere, sentire e sentire. Per esempio: si può vedere un dipinto sul muro, un tavolo e un orologio. Potreste sentire gli uccelli fuori dalla finestra, il ronzio di un frigorifero e il ticchettio dell'orolo-gio. Potreste sentire la pressione della sedia sulla schiena, i piedi sul pavimento e il calore della luce del sole attraverso la finestra. Il processo si ripete concentrandosi su 2 elementi di ogni sensazione e poi su 1 elemento (da qui il nome 3-2-1). Poi, si chiudono gli occhi e si ricomincia da capo visualizzando 3 oggetti di ogni senso nella propria testa. Di nuovo si fa il conto alla rovescia. Una volta raggiunto l'ultimo oggetto, sarete in trance.

- Incrementalismo

Fare un piccolo cambiamento è il trampolino di lancio verso uno molto grande. Ad esempio, se un cliente sta cercando di perdere peso, il cardio giornaliero può essere troppo grande di un salto. Invece, si potrebbe suggerire di iniziare con un piccolo incremento: prendere le scale per un piano e poi salire in ascensore come farebbero di solito. La settimana successiva, due rampe di scale. Alla fine, avranno raggiunto l'obiettivo più grande e un comportamento complessivamente migliore.

Un altro esempio: Andare in palestra una volta alla settimana per 5 minuti. L'impegno è così piccolo che è impossibile fallire. Probabilmente si finisce per rimanere per più di 5 minuti, aumentando la durata e la quantità di giorni nel corso di un mese.

- Terapia delle parti

In teoria, tutti i comportamenti sono in qualche modo positivi. Il subconscio può giustificare un comportamento negativo con un comportamento positivo. Un agorafobico non può uscire di casa perché il subconscio mira a proteggere il corpo dai pericoli del mondo esterno. Un fumatore può danneggiare il proprio corpo fisicamente per cercare una piacevole conversazione con gli altri fumatori all'esterno.

La mente è fatta di più parti. Con la terapia delle parti, l'ipnoterapista comunica con la parte del comportamento per capire meglio il motivo di un'azione. Poi comunicherebbe con la parte creativa della mente per trovare un'altra soluzione. Nell'esempio del fumatore, forse c'è un altro modo per soddisfare il bisogno di interazione sociale: un club del libro, un gruppo di bowling. Il terapista poi usa il pacing futuro per rafforzare il comportamento positivo.

- Metafora

Le metafore sono terapeutiche e memorabili. Erickson amava usare le metafore nei suoi libri e nei suoi insegnamenti. Ecco alcune metafore classiche:

- Il tuo corpo è una macchina. Dategli il carburante giusto e funzionerà bene. Se trascurate la manutenzione e la riempite con carburante scadente, si romperà.
- La tua mente è come un fiume che sgorga e scorre. Puoi stare in piedi sulla riva del fiume e guardarlo passare oppure puoi provare a nuotare controcorrente.
- Sei una montagna, forte, impenetrabile e alta.

- Legame ipnotico

Il legame ipnotico è uno dei preferiti dai genitori e presenta l'"illusione" della scelta con una domanda o l'una o l'altra. Ecco un esempio:

"Volete lavarvi i denti o fare il bagno?

Suggerimento avanzato: Utilizzare il **doppio binding per** presentare due opzioni per lo stesso comportamento desiderabile:

"Vuoi andare a letto tra 10 o 20 minuti?"

In ogni caso, il bambino sta compiendo l'azione desiderata di andare a letto.

- Logica ipnotica

In trance, un cliente interpreta le dichiarazioni in modo molto letterale. Se chiedete al cliente "Puoi sederti", vi risponderà "Sì". Noi la chiamiamo logica ipnotica.

Si può usare la logica ipnotica insieme a suggerimenti come questo:

"Si può perdere peso perché si ha successo"

. . .

Anche se avere successo non significa necessariamente essere in grado di perdere peso, l'affermazione viene presa alla lettera.

- Affermazioni e pensiero positivo

Un'affermazione conferma un pensiero positivo. Per un cliente con dismorfia corporea, si può fargli ripetere più volte sotto trance "Sono bella".

- Riconnessioni

I ricordi svaniscono nel tempo. Mentre questo può essere un bene per chi ha un'esperienza negativa, anche le esperienze positive possono svanire.

Anche le capacità, come i ricordi, possono essere dimenticate. Un agorafobico può dimenticare che c'è stato un tempo in cui aveva la capacità di andare all'aperto.

Come ipnoterapista puoi aiutare a riportare questi ricordi positivi e queste capacità usando le prove e la visualizzazione con il cliente.

37

IPNOSI MUSICALE: SUONO ED EGOISMO DAL MESMERISMO AL LAVAGGIO DEL CERVELLO

A CAUSA del carattere fisico diretto dell'udito e del fatto che non si riesce a chiudere le orecchie, la musica ha provocato a lungo l'ansia per l'autonomia personale. La sensazione di "perdere se stessi" che è centrale nell'estasi musicale (ἔκστασις-per stare fuori da se stessi) può essere una fuga esilarante dai confini dell'ego, ma può anche essere molto inquietante, sollevando domande complesse sui confini porosi del sé e sulla capacità degli altri di manipolarlo. Molti medici, psicologi e critici si sono chiesti se i suoi effetti possano andare oltre le potenti dinamiche di gruppo e i cambiamenti comportamentali legati alla musica nel contesto di rituali religiosi e di guerra e, in realtà, "ipnotizzare" o "fare il lavaggio del cervello" a un pubblico. Sebbene la maggior parte degli osservatori segua ora l'opinione dell'antropologo francese Gilbert Rouget secondo cui il rapporto tra musica e ipnosi e trance è psico-sociale piuttosto che fisiologicamente deterministico, negli ultimi 200 anni l'idea di ipnosi musicale è stata alla base di una varietà di discorsi sulla musica che portano all'ipnosi involontaria, derubando gli ascoltatori dell'autonomia e rendendoli sessualmente vulnerabili.

La moderna discussione (per lo più) non soprannaturale della musica come forza ipnotica risale alla fine del Settecento, quando il contesto si è spostato, secondo le parole di Henri Ellenberger, dalla possessione e dall'esorcismo alla psichiatria dinamica. Nel 1800 la combinazione dello sviluppo della teoria del "magnetismo animale" di Mesmer, delle nuove concezioni del sé e dell'estetica romantica della musica ha creato un discorso che ritraeva la trance musicale mesmerica come una minaccia per il sé e per l'autocontrollo sessuale.

Queste associazioni con la sensualità e la perdita di sé diventeranno temi costanti nel dibattito sulla musica ipnotica anche quando, a metà dell'Ottocento, l'ipnotismo emerse come parte integrante della scienza. Fondamentalmente, l'ipnotismo e la musica ipnotica hanno avuto un ruolo importante nell'emergere di una "psicologia fisiologica" che considerava lo stato ipnotico come un fenomeno "automatico", simile a un riflesso fisico.

Dai gong e dai diapason usati da Jean-Martin Charcot per indurre trance ipnotiche all'uso di Ivan Pavlov delle campane per creare riflessi condizionati, l'idea di risposte automatiche al suono, fisiologicamente determinate e bypassando la mente cosciente, hanno dominato il dibattito sull'ipnosi musicale. In questo contesto, la musica era vista come una potenziale minaccia per un sé suscettibile di stimoli esterni e quindi come un pericolo per l'autocontrollo che era alla base della sanità mentale dell'individuo e dell'ordine della società.

Come questo articolo dimostrerà, questo dibattito scientifico sul potere della musica di travolgere l'autocontrollo e lasciare l'ascoltatore aperto ai sinistri disegni del musicista ipnotizzante si è dimostrato molto influente nella cultura, nella letteratura e nella politica in contesti molto diversi. La prima sezione di questo lavoro esaminerà il ruolo della musica nel Mesmerismo e nell'ipnotismo sperimentale del XIX secolo, e i suoi echi nella letteratura e nella critica musicale. Per molti osservatori, l'idea dell'ipnosi musicale è diventata la base di una critica dei pericoli della musica che ha avuto una notevole risonanza con le più ampie preoccupazioni sulla fragilità della disciplina sociale e sessuale in una società in rapida urbanizzazione.

La prossima sezione prenderà in considerazione i dibattiti del XX secolo sul concetto di lavaggio del cervello musicale, soprattutto negli Stati Uniti. Questo discorso si è basato sulla teoria pavloviana dei riflessi condizionati per creare un discorso scientifico e popolare sulla presunta minaccia all'autocontrollo politico e sessuale nell'atmosfera della Guerra Fredda degli anni Cinquanta e Sessanta. Dopo di che esaminerò il modo in cui questo dibattito sulla Guerra Fredda è diventato a sua volta la base del dibattito sulla musica e sul 'backmasking' nel cosiddetto Satanic Panic degli anni Ottanta e Novanta, che esprimeva preoccupazioni sui media ipnotici e sul controllo sociale nel contesto non del comunismo ma delle contemporanee 'guerre culturali' americane. Infine, prenderò in considerazione opinioni più scettiche sulla trance musicale che potrebbero fornire una base migliore per la comprensione dell'ipnosi musicale moderna rispetto all'approccio neurologico riduttivo adottato da molti di coloro che hanno messo in guardia dai pericoli mesmerici della musica.

Musica ipnotica, risposta automatica e il Sé

La musica ha avuto un ruolo importante nel magnetismo animale, le tecniche create a partire dagli anni Settanta del XVII secolo dal medico tedesco Franz Anton Mesmer che combinavano la fissazione dei pazienti con uno sguardo letteralmente mesmerico e la teoria di un fluido universale che poteva essere manipolato per portare la salute. Quello che più tardi sarebbe stato chiamato ipnotismo sembra essere stata una parte significativa dei trattamenti di Mesmer, ma è stato il suo allievo francese de Puysegur a coniare i termini "sonno magnetico" o "sonnambulismo artificiale" per lo stato ipnotico spesso raggiunto dal magnetismo animale. Mesmer considerava il magnetismo animale come una questione di "vibrazione simpatica" tanto quanto la musica, e sosteneva che poteva essere comunicato, propagato e rafforzato dai suoni. Alcuni contemporanei credevano che i pianoforti, i violini e le arpe, e soprattutto l'armonica di vetro che caratterizzava i suoi trattamenti, fossero in realtà responsabili di molti dei trionfi di Mesmer. I decenni successivi hanno fornito molti resoconti di allucinazioni musicali vissute da pazienti ipnotizzati, di cure ipnotiche ottenute con l'aiuto della musica e di racconti di pazienti privi di tono che sviluppavano miracolosi talenti musicali mentre si trovavano in un sonno magnetico.

Un gruppo di pazienti francesi ipnotizzati (1778/1784) si sottopongono a un trattamento arricchito dal suono di un clavicembalo e dal canto di un monaco.

Nonostante questi apparenti successi, i sospetti del suo potere sull'io e le inibizioni sessuali che avrebbero dominato le discussioni sulla musica ipnotica erano già evidenti. Lo scrittore e compositore tedesco E. T. A Hoffmann, nonostante il suo fascino per gli stati inquietanti, ha espresso preoccupazione per il magnetismo animale. Anche il suo contemporaneo Hegel ha espresso i timori di stati di trance involontari causati dal mesmerismo, scrivendo che "un individuo agisce su un altro la cui volontà è *più debole* e *meno indipendente"*. Pertanto le nature molto potenti esercitano il più grande potere su quelle deboli, un potere spesso così irresistibile che i secondi possono essere messi in trance magnetica dai primi, che lo vogliano o meno". La presunta capacità della musica mesmerica di superare la volontà e di rendere le ascoltatrici vulnerabili ai progressi immorali del "magnetizzatore" era anch'essa una preoccupazione diffusa. Già nel 1784 la Commissione reale francese istituita per indagare sui laims di Mesmer ha implicitamente paragonato la "crisi" mesmerica a un orgasmo. Nello stesso decennio, l'opera *Così fan tutte di* Mozart e da Ponte includeva la rappresentazione di un mesmerista come truffatore e la sua tecnica come mezzo di seduzione, ed era seguita da molte altre satire.

Queste associazioni con l'improprietà sessuale e l'ingerenza illegittima nel sé sono continuate fino alla metà del XIX secolo, quando, a partire da James Braid negli anni '40 del XIX secolo, molti medici hanno cercato di separare l'ipnotismo dal suo passato di ipnotismo semi-occulto mesmerista e di affermarlo come scienza seria. Nonostante questo allontanamento dagli aspetti più fantasiosi dell'eredità di Mesmer, l'ipnotismo continuò ad essere legato alla musica. Si credeva che i musicisti fossero particolarmente aperti e vulnerabili allo stato, e molti casi di coloro che si trovavano in un "sonno nervoso" che mostravano doni musicali inaspettati sono stati registrati. Ancora più importante, sono stati raggiunti risultati sorprendenti utilizzando il suono e la musica per ipnotizzare i pazienti, che sono stati generalmente spiegati in termini di risposte "automatiche" che potevano essere provocate, sollevando importanti domande sul potere della musica sugli ascoltatori. Queste risposte automatiche al suono sembravano minare l'intera idea di autonomia personale e aprivano la possibilità di un 'contagio' mentale attraverso la musica in un momento in cui era ampiamente sentito che la nascente società di massa minacciava sia l'individualità che l'ordine.

L'ansia per le risposte "automatiche" alla musica era strettamente correlata a timori più ampi sull'effetto della musica sui nervi. Il sistema nervoso, con i suoi riflessi automatici e la sua ineffabile connessione tra stimolazione fisica e stato d'animo, era al centro del dibattito sui pericoli della musica. Nel corso del XVIII secolo, l'impatto della musica sui nervi era visto in gran parte nel contesto dei raffinati nervi della sensibilità, ma all'inizio del XIX secolo la musica era stata incorporata nella critica medica della moderna sovrastimolazione che era stata sviluppata da artisti del calibro di George Cheyne, S. A. D. Tissot e John Brown. Mentre molti critici medici della musica del XIX secolo lamentavano la sua presunta capacità di causare direttamente patologie dei nervi, altri si preoccupavano dell'effetto infiammante sull'immaginazione, soprattutto in relazione alla sessualità, della stimolazione nervosa musicale. Le preoccupazioni per l'ipnosi musicale erano in un certo senso un'estensione di queste paure, andando oltre i nervi troppo stimolati e l'immaginazione fino a una completa perdita di autonomia.

Il legame tra il potere ipnotico della musica e i nervi è stato sottolineato negli esperimenti di ipnosi del neurologo Jean-Martin Charcot alla Salpêtrière di Parigi nel XIX secolo. Egli usava gong e diapason sui pazienti per provocare crisi catalettiche, uno dei suoi stadi dell'ipnosi isterica. Anche altri personaggi di spicco della Salpêtrière, come Paul Regnard e Paul Richer, Alfred Binet e Charles Féré, utilizzarono diapason, gong e ninne nanne per bambini e registrarono risultati simili. Tutti pensavano che le convulsioni fossero la conseguenza di una reazione fisiologica fisiologica e nervosa essenzialmente automatica del paziente agli stimoli, lasciando fuori la psiche. L'unica domanda che Charcot considerava aperta era se la reazione riguardava il nervo acustico o il sistema nervoso più in generale. Egli ha descritto un tipico esperimento di questo tipo con le seguenti parole:

Faccio sedere questi due isterici sulla cassa armonica di un grosso diapason. Appena metto il diapason in vibrazione, si vede che cadono in catalessi. Quando fermiamo le vibrazioni, cadono in sonnambulismo. Se iniziamo nuove vibrazioni con il diapason, la catalessi riappare. È un fatto strano... dovuto all'eccitazione della sensibilità uditiva, o della sensibilità in generale? Non lo sappiamo.

L'effettiva natura di questi eventi è stata molto contestata. Charcot stesso li ha classificati come espressioni di 'istero-epilessia', combinando il legame con l'isteria che vedeva come chiave di volta nell'eziologia della condizione con le analogie con l'epilessia si inserisce evidente nelle trance catalettiche. Il medico britannico Macdonald Critchley del ventesimo secolo ha considerato i casi che hanno alcune analogie con questi come esempi di 'epilessia musicogena'. Altri, come Albert Moll, hanno sostenuto che fattori psicologici come la suggestione erano più importanti di qualsiasi impatto fisiologico diretto del "rumore forte di un gong" alla Salpêtrière. [23] Lì l'ipnosi aveva certamente un potente carattere teatrale non riconosciuto. Le stesse donne isteriche sono state usate ripetutamente nelle dimostrazioni popolari di Charcot, e molti hanno sostenuto che era coinvolta una qualche forma di azione meno consapevole da parte delle donne interessate, che lo psicologo belga Joseph Delboeuf ha descritto come "qualcosa che si avvicina alla simulazione".

Alla fine l'opinione del rivale di Charcot, Ippolita Bernheim, secondo cui tutta l'ipnosi è legata alla suggestione alla fine ha vinto contro questo approccio più fisiologico. Tuttavia, il modo in cui il modello di Charcot dell'ipnosi come stato isterico con base fisiologica sottolineava l'elemento della risposta automatica e giocava il ruolo della suggestione era una seria sfida agli atteggiamenti ottocenteschi verso il sé, che generalmente assumeva un soggetto razionale autonomo.

Poiché il senso di autocontrollo era al centro delle concezioni ottocentesche di sanità mentale, mascolinità e ordine, la perdita ipnotica di sé indotta dal suono era potenzialmente patologica e pericolosa, lasciando poco spazio a visioni più positive della trance musicale mantenuta dalle tradizioni religiose più antiche. In questo contesto europeo, l'idea di musica ipnotica potrebbe diventare il fulcro di un intero discorso relativo alle preoccupazioni culturali sul sé nelle società urbanizzate emergenti, dove le forme tradizionali di disciplina sociale stavano diventando meno sicure.

La visione dell'ipnosi proposta da Bernheim, secondo cui tutti erano potenzialmente ipnotizzabili, non solo gli isterici, è stato un altro colpo all'idea di autonomia soggettiva. Se, come egli suggeriva, un soggetto ipnotizzato era un "automa controllato da una volontà *straniera*", allora quell'autonomia era una cosa piuttosto inconsistente, che sollevava innumerevoli interrogativi sull'egoismo e sulla responsabilità giuridica.

L'ipnosi musicale era vista come un pericolo reale in un contesto in cui era diffusa la sensazione che il controllo della mente sul corpo non fosse sicuro ma allo stesso tempo assolutamente necessario per l'ordine e la moralità. L'affermazione della volontà, intesa soprattutto come agente inibitore (più vicina infatti al superio freudiano che all'ego) era fondamentale. Il direttore del *British Medical Journal-Ernest* Hart ha riassunto il problema quando ha scritto che per "un catalettico sotto l'influenza della vibrazione di un diapason ... il potere della volontà è abolito, e il cervello perde il suo potere di *contenimento* e di *controllo*".

Questa minaccia richiedeva ciò che lo psichiatra di Edimburgo Thomas Clouston definì "l'igiene della mente", senza la quale, scrisse, ogni sistema sociale tra uomini e donne sarebbe andato in pezzi. L'ansia per la mente quasi ipnotizzata, disinibita, libera dalla volontà, si rifletteva in *The Crowd* di Gustave le Bon, che sosteneva che il soggetto ipnotizzato perde ogni forza di volontà e viene diretto dalle sue funzioni neurologiche inferiori, diventando, come scriveva, "schiavo di tutte le attività inconsce del suo midollo spinale, che l'ipnotizzatore dirige a suo piacimento". La personalità cosciente è completamente svanita; la volontà e il discernimento si perdono".

L'enfasi sulla forza di volontà come forza per inibire l'azione dei desideri ha avuto particolare rilevanza quando si è trattato di sessualità. Il collega di Charcot, Gilles de la Tourette, ha fatto eco al consenso quando ha collegato l'ipnosi alla sessualità femminile, scrivendo che "le donne sono particolarmente suscettibili alla manipolazione ipnotica, in particolare nel periodo tra il tredicesimo e il trentesimo anno". Il fatto che le pazienti spinte alla catalessi dal suono fossero donne inserisce questi esperimenti nella lunga discussione sull'ipnotismo come sovversione maschile della volontà femminile.

Otto Weininger, che si rifà al lavoro di Moll e Pierre Janet sull'ipnosi per sostenere che l'essenza dell'ipnosi era il piacere sessuale femminile perverso nella sottomissione alla volontà di un ipnotizzatore maschile. Tale era la dinamica di potere sessualizzata coinvolta nell'ipnosi che de la Tourette ammetteva piuttosto allegramente che gli stupri sotto ipnosi sono "relativamente frequenti".

Le implicazioni sessuali di questo tipo di ipnosi sono state evidenziate in uno studio condotto dallo psicologo americano Aldred Warthin all'Università del Michigan. Guardando i wagneriti in visibilio, Warthin concluse che erano "in una condizione di ipnosi auto-indotta" causata dalla musica. Nel 1894 presentò i risultati dei suoi esperimenti che coinvolgevano l'interpretazione di Wagner a soggetti clinicamente ipnotizzati in *The Medical News*.

Era stato informato dai colleghi di casi in cui i soggetti erano portati all'orgasmo quando si trovavano in uno stato quasi ipnotico indotto dall'ascolto di Wagner, ma riferì che non poteva replicare questo risultato nei suoi esperimenti. Egli ha tuttavia suggerito che tali trance wagneriane 'possono essere assistite da pericolo'. I sintomi del collasso si svilupparono a volte", scrisse, "lo shock emotivo che lo accompagnava potrebbe essere aumentato oltre il punto di sicurezza".

Gli esperimenti con il suono e l'ipnosi di questo periodo sono stati ripresi nella scrittura letteraria, filosofica e critica sulla musica, che rifletteva le ricorrenti ansie sull'autostima e la perdita di auto-controllo sessuale. La combinazione tra l'armonia radicale, il volume puro e il fantasmagorico spettacolo scenico di Bayreuth ha fatto dell'opera di Richard Wagner il bersaglio preferito dai critici dell'ipnosi musicale. Friedrich Nietzsche ha espresso le sue preoccupazioni sulle tecniche manipolative di Wagner con allusioni all'ipnotismo in molte occasioni, definendo il compositore un 'mesmerista' e un 'maestro dell'ipnosi'. Sembra essere a conoscenza delle ultime riflessioni sull'ipnosi musicale.

Le sue note erano piene di riferimenti all'opera di Charles Féré alla Salpêtrière, e anche a *Die großen Volkskrankheiten des Mittelalters di* Hecker, che trattava della danza di San Vito e del tarantismo. Allo stesso modo, il medico e critico culturale Max Nordau ha sostenuto che la "musica di Wagner è stata sicuramente fatta per incantare gli isterici. I suoi potenti effetti orchestrali creano ipnosi nell'ospedale di Salpêtrière, che spesso ipnotizza i pazienti con l'improvviso suono di un gong. E l'immobilità della melodia senza fine corrisponde al vagabondaggio della mente che dorme".

La letteratura dell'epoca fornisce anche esempi dell'influenza del lavoro scientifico sull'ipnosi e sulla musica e sulle relative ansie. Ad esempio, il racconto di James Huneker 'A Piper of Dreams' descriveva il compositore di fantasia Illowski, come un 'ipnotizzatore' che 'dirigeva la sua orchestra attraverso straordinarie e malvagie foreste di toni'. Huneker alludeva all'omosessualità (una 'malattia della volontà') che così spesso sembra nascondersi dietro questo discorso di ipnosi musicale quando scrisse che Illowski 'trattava gli abominevoli insegnamenti di Walt Whitman in modo sinfonico'. Il romanzo di gran lunga più famoso per trattare il tema della musica e dell'ipnotismo è stato il *Trilby di* George du Maurier del 1894, in cui il sinistro impresario ebreo Svengali ipnotizza l'innocente Trilby e usa il suo talento per girare l'Europa. Anche qui la manipolazione ipnotica era legata alla sessualità. Sebbene Svengali sia stato ritratto come una brutta caricatura di un ebreo e come piuttosto effeminato (la sua voce "spesso irrompe in un falsetto sgradevole"), la potenza sessuale e musicale delle sue capacità ipnotiche era tale da fargli sposare la bella Trilby.

38

IL LAVAGGIO DEL CERVELLO
MUSICALE E LA GUERRA FREDDA

Colpisce il fatto che il livello di ansia per l'effetto ipnotico della musica abbia fluttuato secondo il contesto scientifico e culturale fin dai tempi del Mesmerismo. Il concetto si è un po' sbiadito all'inizio del ventesimo secolo, in parte a causa dell'enfasi sulla psiche piuttosto che sulla risposta automatica in Freud e nella psicologia dinamica e anche a causa dello sviluppo dell'ipnosi intesa come suggestione come sotto-disciplina medica. Il panico per il jazz, per esempio, tendeva a relazionarsi direttamente con la sua presunta lubrificazione e non con la sua capacità di ipnotizzare le persone. Tuttavia, l'idea che la musica potesse sopraffare gli ascoltatori con i suoi effetti ipnotici ha goduto di un'enorme rinascita negli anni Cinquanta, quando è emerso il concetto di "lavaggio del cervello", soprattutto nell'America dell'epoca della Guerra Fredda. Sebbene molti a sinistra si siano preoccupati del potere della musica di minare l'autonomia politica del pubblico, essa si è rivelata particolarmente popolare a destra. Il tema del lavaggio del cervello musicale si è ripresentato molte volte dopo la Seconda Guerra Mondiale, generalmente in relazione ai timori di sovversione della volontà individuale e nazionale da parte di forze esterne.

Molti aspetti del dibattito sul lavaggio del cervello musicale hanno mostrato un marcato grado di continuità rispetto alle precedenti discussioni sulla musica ipnotica. Il linguaggio della neuropatologia musicale, la mescolanza di programmi morali e medici e la preoccupazione per l'autonomia personale di fronte alla musica hanno avuto un lungo pedigree. [47] Tuttavia, altri elementi di questo discorso sul lavaggio del cervello musicale erano più strettamente legati al suo contesto di metà del ventesimo secolo e principalmente americano. L'atmosfera degli Stati Uniti, dai giorni della paranoia della Guerra Fredda alle guerre culturali contemporanee, si è rivelata un terreno fertile per i panici sul lavaggio del cervello. Un altro cambiamento cruciale è stato lo sviluppo della musica registrata e il relativo fenomeno della nascita della moderna cultura di massa, come ha osservato Rouget nel suo classico studio della trance musicale. [48] Allo stesso modo, l'enfasi sui giovani, il principale mercato per quella musica, rifletteva lo sviluppo degli adolescenti come un gruppo sociale distinto, con un profilo, un potere d'acquisto e un'influenza crescenti.

Anche se molte delle idee associate al lavaggio del cervello hanno avuto un ruolo di primo piano negli anni '30 del secolo scorso con i processi stalinisti, è stato durante la guerra di Corea che il termine è diventato noto in Occidente. Il termine "lavaggio del cervello" (xi nao) ha avuto origine in Cina, che significa curare qualcuno di "falsa coscienza" anticomunista con le tecniche della "rieducazione", ma si rifà al concetto di "riforma del pensiero" che si basava su una più antica tradizione di meditazione. Esempi di prigionieri di guerra americani catturati che proclamavano simpatia per il comunismo hanno fatto sì che gli Stati Uniti sostenessero di aver subito un "lavaggio del cervello". Ciò fu in parte per ragioni di pubbliche relazioni, per spiegare l'apparente slealtà delle truppe, ma sembra aver indotto la CIA a condurre serie indagini sulla possibilità di utilizzare tecniche simili, alcune delle quali riguardavano il suono e la musica. In modo cruciale, mentre la versione cinese aveva toni terapeutici, gli americani che hanno promosso l'idea, come il giornalista-agente della CIA Edward Hunter, l'hanno descritta come una forma di "stupro mentale", un mezzo per cancellare una personalità e imporre nuove idee. Compreso in questi termini, il potere della musica di influenzare il comportamento potrebbe quindi essere visto come una sinistra potenziale violazione dell'autonomia dell'ascoltatore.

Anche se il concetto di lavaggio del cervello non ha avuto una lunga carriera nella psicologia accademica, si è dimostrato più duraturo nella cultura popolare, esprimendo la diffusa ansia della Guerra Fredda per la manipolazione esterna, compresa la manipolazione da parte della musica. Il film del 1959 *The Manchurian Candidate* è arrivato a simboleggiare gran parte del dibattito, ritraendo notoriamente un soldato americano a cui è stato fatto il lavaggio del cervello nella "Cina rossa" nella misura in cui un set di carte da gioco può attivarlo come assassino. Più significativamente per i nostri scopi, il romanzo *Arancia Meccanica di* Anthony Burgess del 1962 e l'adattamento cinematografico di Stanley Kubrick del 1971 rappresentavano entrambi l'immaginaria "Tecnica Ludovica", una forma di terapia dell'avversione che consisteva nell'essere costretti a guardare scene di violenza grafica mentre si ascoltava la musica. Attingendo alla psicologia comportamentalista pavloviana e ai resoconti delle tecniche di lavaggio del cervello che si trovavano sulla stampa fin dagli anni Trenta, Burgess ha descritto i "film speciali" e le "riprese in mano" che il protagonista sperimenta all'Istituto Statale per la Bonifica dei Tipi Criminali. Il procedimento utilizzava anche una musica "molto simile al sinistro", raggiungendo il culmine in una scena in cui le immagini delle atrocità naziste si combinano con la musica preferita di Alex, Beethoven.

Anche se giornalisti e uomini della CIA come Hunter hanno avuto un ruolo enorme nel promuovere l'idea del lavaggio del cervello, anche psicologi e psichiatri sono entrati in scena, in particolare quelli influenzati dal russo Ivan Pavlov. La sua influenza sul dibattito sul lavaggio del cervello musicale è legata in particolare al suo famoso uso della campana per provocare la salivazione nei cani. La teoria del riflesso condizionato da lui sviluppata, che utilizzava anche altri stimoli acustici come diapason, metronomi e fischietti, si rivelò un modello cruciale per il potere dell'ipnosi musicale nel XX secolo. Attingendo alla tradizione dell'Europa occidentale e anche a fonti russe come il lavoro di Sechenov sui 'Riflessi del cervello' negli anni Sessanta del XIX secolo, Pavlov sosteneva che solo la fisiologia poteva fare della psicologia una vera e propria scienza. Come scrisse nel 1906, "l'umanità avrà vantaggi incalcolabili e un controllo straordinario sul comportamento umano quando l'investigatore scientifico sarà in grado di sottoporre i suoi simili alla stessa analisi esterna che impiegherebbe per qualsiasi oggetto naturale, e quando la mente umana contemplerà se stessa non dall'interno ma dall'esterno".

Un importante esempio della psicologia pavloviana della risposta automatica e condizionata applicata alla musica si può vedere nel lavoro dell'eminente psichiatra inglese William Sargant, che ha avuto un impatto significativo sul pensiero sui pericoli del lavaggio del cervello musicale. Come Pavlov e Charcot, Sargant ha ritratto la volontà come vulnerabile agli stimoli esterni e ha promosso una visione fortemente riduzionista della natura umana. Gli uomini, ha scritto, "dovrebbero umilmente cercare di ricordare quanto assomigliano ai cani nelle loro funzioni cerebrali". La musica spunta regolarmente nella *Battaglia* di Sargant *per la Mente* e *la Mente Posseduta*. Sebbene suggerisse che la stimolazione del jazz era esattamente ciò di cui la mente europea aveva bisogno dopo la prima guerra mondiale, ritrasse il rock 'n' roll come una vera e allarmante minaccia per la mente. Scrisse che "Dall'età della pietra a Hitler, dai Beatles alla moderna cultura "pop", il cervello dell'uomo è stato costantemente influenzato dalle stesse tecniche fisiologiche. La ragione viene spodestata, il normale computer cerebrale viene temporaneamente messo fuori uso, e le nuove idee e credenze sono acriticamente accettate". Sargant ha sottolineato il potenziale potere del lavaggio del cervello musicale quando ha suggerito che la musica rock ad alto volume è stata usata per fare il lavaggio del cervello all'ereditiera Patty Hearst.

L'influenza di Pavlov e l'enfasi sulla risposta neurologica automatica hanno avuto un ruolo importante anche nel lavoro del medico americano di origine olandese Joost Meerloo, la cui *seduzione mentale e il menticidio* hanno avuto una notevole influenza sui dibattiti sull'argomento, in particolare per quanto riguarda la retorica del "menticidio" (l'assassinio di una mente). Meerloo ha scritto di più sulla musica nel suo ultimo libro *Dance Craze e Sacred Dance*, dove ha mostrato un atteggiamento molto ambivalente nei confronti della musica rock. Ha dichiarato esplicitamente che "il ritmo contagioso del Rock 'n' Roll" è "una forma di ipnosi ritmica di massa". Anche se ha chiarito che il rock 'n' roll è solo un'altra mania di danza che si autodistruggerà, sostiene che "può andare oltre la follia dell'oblio e dell'autodistruzione". Meerloo e Sargant sono stati quindi cruciali nel prendere le precedenti teorie sulla risposta automatica al suono da Charcot a Pavlov e nell'applicarle alle lotte culturali e politiche in erba degli anni Sessanta.

Un lavoro come questo sulla musica e l'ipnotismo si è rivelato estremamente influente tra gli evangelici conservatori americani. Cristiani di destra come David Noebel, a lungo parte della Crociata Cristiana di Billy James Hargis, l'hanno usata nella loro critica alla musica rock. I libri di Noebel *Rhythm, Riots and Revolution* e *The Marxist Minstrels*, che sono stati molto citati nella letteratura successiva sull'argomento, sostengono che il rock 'n' roll è letteralmente una trama comunista. Riferendosi alla guerra di Corea, Noebel ha concluso che "gli scienziati e gli psico-politici comunisti hanno esco-gitato un metodo per combinare musica, ipnotismo e pavlovianismo per innervosire i bambini della nostra nazione senza che i nostri leader, insegnanti o genitori siano consapevoli delle sue shoccanti implicazioni". Le implicazioni politiche di questo, ha avvertito, potrebbero essere che, "Se il seguente programma scientifico non viene esposto, gli americani degenerati alzeranno davvero la bandiera comunista sulla loro nazione". Ha fornito un ragiona-mento ingegnoso, anche se paradossale, per spiegare perché gli Stati comunisti vietano la musica rock, anche se è una loro sinistra inven-zione - dimostra solo che sanno quanto sia davvero pericoloso.

Noebel alludeva ad Alexander Luria e Pavlov e cercava di dimo-strare che erano loro la mente dietro un elaborato programma di lavaggio del cervello sovietico. Ha presentato Sargant come testi-mone cruciale per l'accusa, insieme al fondatore dell'American Insti-tute for Hypnosis, William J. Bryan, e 'un eminente neuroscienziato di Baltimora' con l'improbabile nome del dottor Leon Freedom. Noebel ha scritto che la capacità dei Beatles di "ipnotizzare di massa" i giovani americani, facendo "piangere e piangere gli adole-scenti, rendendoli incontrollabili e indisciplinati, e togliendo loro i vestiti e la rivolta" è stata "testata e approvata in laboratorio". Ha proseguito sostenendo che la loro musica è "nevrosi artificiale o sperimentale indotta scientificamente", e ha citato Luria e Pavlov nelle note a piè di pagina come se entrambi avessero condotto esperimenti con i Beatles. Non è forse sorprendente che libri di questo tipo giochino in modo veloce e sciolto con la scienza, ma persone come Noebel hanno giocato un ruolo chiave nel divulgare l'idea del lavaggio del cervello musicale, inserendo la combinazione familiare della sovversione musicale dell'autonomia individuale e delle paure sull'ordine sociale e sulla sessualità nel contesto della paranoia della Guerra Fredda e dell'ostilità conservatrice nei confronti dei costumi degli anni Sessanta.

39

MUSICA COME LAVAGGIO DEL CERVELLO SATANICO

Durante l'era Reagan, l'ansia americana per il lavaggio del cervello musicale, sviluppatasi nel contesto della guerra fredda negli anni Cinquanta, si è in parte spostata su un altro presunto cospirazione-satanismo mondiale. L'attenzione sul comunismo è stata generalmente abbandonata, ma gli anni Ottanta e Novanta in America hanno visto un panico morale a tutto campo che ha collegato una versione modificata della "scienza" del lavaggio del cervello, la credenza in una minaccia letteralmente soprannaturale (il "panico satanico" dell'epoca, con le sue luride fantasie di una rete globale di pervertiti e assassini) e il genere musicale dell'heavy metal. Libri con titoli come *The Devil's Disciples*, *Rock's Hidden Persuader* e persino *Hit Rock's Bottom hanno* diffuso la notizia che alcune band facevano il lavaggio del cervello ad innocenti adolescenti americani con messaggi subliminali per attirarli nell'adorazione del diavolo, nell'immoralità sessuale, nell'omicidio e soprattutto nel suicidio. Gli autori di questi libri appartenevano spesso agli stessi gruppi cristiani americani di destra che avevano reso popolare l'idea del lavaggio del cervello negli anni Cinquanta, ma negli anni Ottanta il contesto culturale e scientifico era cambiato. Il lavaggio del cervello musicale, articolando potenti ansie sul potere dei mass media sull'autocontrollo dei giovani, è rimasto una teoria influente nelle Guerre della

Cultura che hanno diviso l'America negli ultimi trent'anni, in cui una rinascente destra americana ha cercato di invertire molti dei cambiamenti degli anni Sessanta.

L'heavy metal è stato un facile bersaglio in parte per l'uso dell'iconografia satanica e della retorica del genere, un mezzo per provocare i genitori e la società oltre che per affermare il potere maschile per un pubblico di adolescenti alienati e incerti sulla loro identità. Chi ha guidato l'attacco all'heavy metal come forma di lavaggio del cervello satanico ha attinto alle teorie di risposta automatica dell'ipnotismo musicale. Per esempio, *Painted Black* di Carl Raschke del 1990: *From Drug Killings to Heavy Metal*, uno dei tanti libri che collegano l'heavy metal alla minaccia del satanismo e persino all'omicidio rituale, suggeriva che il "risultato finale" dell'ascolto dell'heavy metal "è quello di erodere il sistema nervoso con il rumore, poiché la droga distrugge il cervello". In genere, si riferiva al background della guerra di Corea sul lavaggio del cervello e indicava la ricerca neuropsicologica sui legami tra musica e cervello. Ha anche dato molti esempi di persone "convertite al satanismo" dalla musica heavy metal. Viste come queste non erano affatto insolite e non mancavano medici disposti a testimoniare i pericoli del genere. Lo psicologo infantile Dr. Paul King ha dichiarato che l'87 per cento dei suoi pazienti ascoltava l'heavy metal e lo paragonava a una nuova religione. Tale era il panico che il Centro di risorse musicali dei genitori di Tipper Gore ha persino venduto un "pacchetto di ricerca sul satanismo" da 15 dollari. Raschke ha fornito, inconsciamente, un sacco di prove delle reali paure che si celano dietro la sua rabbia per la minaccia satanica, collegando esplicitamente la sinistra politica americana alla "epidemia nazionale" del male satanico.

Una nuova svolta al tema del lavaggio del cervello è emersa negli anni '80 con un diffuso panico sulla capacità dei messaggi registrati a ritroso su disco o CD di influenzare gli ascoltatori in modo subliminale e quindi di danneggiare la loro salute mentale. La preoccupazione per *i* "messaggi subliminali" si è diffusa per la prima volta nel 1957 quando un ricercatore di mercato di nome James Vicary ha affermato di aver dimostrato il potenziale dei messaggi subliminali, e si è riflessa in *The Hidden Persuaders di* Vance Packard dello stesso anno. Un presunto equivalente uditivo, il cosiddetto

'Backmasking' (registrare i messaggi al contrario), divenne comune per la prima volta alla fine degli anni Sessanta con band come i Beatles che utilizzavano tecniche pionieristiche della *musique concrète degli* anni Cinquanta, scatenando tutta una serie di teorie cospirative che analizzavano ciò che i messaggi dicevano *realmente*. Gli "esperti" spesso non erano d'accordo su cosa fosse in realtà il messaggio all'indietro, e spesso si lasciavano prendere in giro. Per esempio, un noto predicatore dell'Ohio ha bruciato pubblicamente una registrazione della colonna sonora della serie TV Mr. Ed perché diceva che aveva "Qualcuno canti questa canzone per Satana" al contrario.

La paura del backmasking è davvero decollata quando è stata usata per collegare l'heavy metal all'aumento dei suicidi adolescenziali, che sono quadruplicati negli Stati Uniti tra il 1950 e il 1996. Sebbene le canzoni sul suicidio non fossero affatto un fenomeno nuovo, nel 1985 Ozzy Osbourne fu citato in giudizio sulla base dell'accusa che la sua canzone "Suicide Solution" aveva indotto un diciannovenne a tentare il suicidio con un lavaggio del cervello musicale. Il caso fu respinto per motivi di libertà di parola, ma l'idea del backmasking "subliminale" sembrava offrire un modo per aggirare le protezioni del Primo Emendamento. I genitori di due adolescenti che si sono sparati nel 1985 accusarono la band heavy metal Judas Priest, sostenendo che "gli incantesimi satanici si rivelano quando la musica viene suonata al contrario". Il loro testimone esperto (un biologo marino) ha detto di aver capito le parole "farlo" al contrario nella canzone. Anche se il caso non ha avuto successo, l'idea dell'heavy metal come forma di lavaggio del cervello letale è entrata nell'immaginario collettivo. Dopo che l'adolescente Richard Kuntz si è ucciso ascoltando Marilyn Manson nel 1996, suo padre ha testimoniato davanti a una commissione del Senato degli Stati Uniti per sostenere che il lavaggio del cervello musicale era responsabile, e i media hanno accusato Manson del massacro della scuola Columbine nel 1999.

Un autore che ha attaccato i "messaggi subliminali" del backmasking è stato Jacob Aranza, "un giovane pastore di Lafayette, Louisiana". La sua argomentazione era che, sebbene il "cervello" rifiuti la frase "Dio è Satana", se "sentisse più volte "dog si natas", che è "Satana è Dio" al contrario, verrebbe "decodificato" dalla metà destra (o parte creativa) del cervello e memorizzato come fatto! Il retroterra politico di questa ansia per il lavaggio del cervello musicale era piuttosto esplicito. Aranza ha messo in relazione la propria esperienza di rinascita e la politica conservatrice con la reazione contro il movimento per i diritti civili, in particolare l'integrazione razziale delle scuole, e con l'emancipazione delle donne. Gli stessi atteggiamenti neo-pavloviani nei confronti dell'effetto della musica si possono vedere nel libro *Rock* del 1983 di Bob Larson: *For Those Who Listen to the Words and Don't Like what they Hear*, che usava frasi come "deprogrammare il tuo bambino", familiare dal discorso antisette e dal lavaggio del cervello. Larson faceva parte di una lunga tradizione quando scrisse che "i gruppi rock più pesanti" possono far sì che gli ascoltatori cedano la loro "autorità volitiva" (cioè la loro volontà), e che "le esibizioni dal vivo possono manipolare ritmicamente un pubblico fino a raggiungere uno stato simile a quello degli zombie".

La ricerca accademica sociologica e psicologica sul rapporto tra alienazione adolescenziale, sottoculture musicali e suicidio continua, ma al di là di una frangia di destra l'idea del lavaggio del cervello musicale heavy metal satanico non è più ampiamente accettata. Il Satanic Panic è svanito in generale, in parte a causa della tendenza del panico morale a bruciarsi, e forse anche a causa della prosperità della fine degli anni Novanta. Inoltre, il passare del tempo ha spesso trasformato le band heavy metal in musicisti di mezza età più o meno rispettabili o in star dei reality televisivi, rendendo più difficile dare credito alle accuse di satanismo. Tuttavia, un gran numero di americani continua a credere nel lavaggio del cervello musicale. I gruppi che più probabilmente credono nella minaccia musicale satanica sono gli operai protestanti conservatori, rurali e ignoranti, con una fede incrollabile nei "valori americani", per i quali l'ascesa dei valori degli anni Sessanta, il femminismo e soprattutto la rapida deindustrializzazione degli anni Settanta e Ottanta ha portato a una grave crisi morale. Come i timori ottocenteschi sull'ipnosi musicale, i panici contemporanei sul lavaggio del cervello musicale sono quindi ancora strettamente legati alle più ampie ansie politiche sulle implicazioni sociali del presunto potere della musica di minare l'autocontrollo individuale.

EPILOGO

Anche se si è dimostrato molto influente in una serie di società e contesti diversi, l'intera idea dell'ipnosi musicale o del lavaggio del cervello ha diversi punti deboli importanti. Non ci sono molte prove che le persone possano essere ipnotizzate contro la loro volontà, figuriamoci a loro insaputa, nel modo che l'idea del lavaggio del cervello implica. Gli stati quasi ipnotici ottenuti con la musica potrebbero essere meglio intesi come un "cambiamento volontario, autocontrollato, appreso della coscienza di sé". [90] Le prove della guerra di Corea e di altri tempi dimostrano che erano la paura e la violenza di una volta a modificare i comportamenti, e che le voci sulle tecniche di condizionamento mentale non sono molto diffuse. Sargant e i sostenitori del concetto di lavaggio del cervello possono aver sostenuto che un'"idea" può essere impiantata, e che le persone possono agire in tutti i modi possibili, ma solo chi è malato di mente *crederà* davvero a cose che sono ovviamente senza senso per più di un breve periodo di tempo. Allo stesso modo, la nozione di messaggi subliminali che fanno sottilmente il lavaggio del cervello a giovani impressionabili è altamente discutibile. La maggior parte degli studi ha dimostrato che uno stimolo debole ha in realtà un effetto debole, e che i messaggi a ritroso non hanno alcun effetto.

Per quanto riguarda il ruolo della musica, va notato che si è scoperto che essa ha solo un effetto limitato nella pratica dell'ipnosi in sé. Certamente può essere usata per aiutare a raggiungere stati di trance analoghi all'ipnosi, ma non nel modo automatico e fisiologicamente determinato previsto da coloro che si sono preoccupati maggiormente dei suoi pericoli. Nonostante la popolarità dell'idea che i musicisti "esprimano" i loro sentimenti, l'esperienza di suonare e ascoltare la musica *è in* parte automatica, ma gli ascoltatori si "perdono" nella musica solo se sono in qualche modo complici. L'antropologia, che si è occupata di molti stati di trance tra i cosiddetti "primitivi", è giunta a conclusioni più sfumate e meno meccanicistiche, e forse potrebbe fornire una via d'uscita dal vicolo cieco delle comprensioni neurologiche riduzioniste di tali stati. Sebbene alcuni antropologi abbiano assunto una visione essenzialmente carcotiana dell'ipnosi musicale come fisiologicamente determinata e probabilmente patologica, a partire dagli anni Quaranta del secolo scorso antropologi come Herkovits e Bastide si sono rivolti in parte all'idea del riflesso condizionato pavloviano, ma soprattutto a spiegazioni sociali strutturali. Allo stesso modo, Rouget ha respinto l'idea degli stati di trance come fisiologicamente determinati dalla musica in questione, sottolineando che se fosse vero allora "metà dell'Africa sarebbe in trance".

Dalle Baccanti alla Beatlemania, l'impulso dionisiaco di sfuggire alla soggettività individuale è stato spesso associato alla musica, e da quando Platone ha generalmente suscitato l'ostilità di coloro per i quali un sobrio autocontrollo è l'essenza della moralità. Anche se l'idea di "possesso" legata alla trance musicale può sembrare molto lontana, questo è stato particolarmente vero in epoca moderna, quando tale autocontrollo è diventato la base di una concezione del soggetto integrato profondamente antitetica agli stati di trance. L'idea di un sé vulnerabile minacciato da risposte ipnotiche automatiche alla musica è stato un modo per razionalizzare questa moderna ostilità alla perdita di sé, e per imputare un carattere fisico involontario a fenomeni che, come ha dimostrato l'antropologia, hanno complesse spiegazioni sociali. Dall'Europa del XIX secolo all'America del XXI secolo, ogni "panico morale" sull'ipnosi musicale ha combinato il linguaggio della risposta automatica con le ansie culturalmente specifiche sulla minaccia che la musica rappresenta per la sobria regolazione del sé, e quindi della società. Che si tratti di mesmerismo, di lavaggio del cervello della Guerra Fredda o di backmasking dell'heavy metal, la musica ipnotica ha così fornito una base scientifica per la paura del "contagio" musicale come causa di problemi sociali. Oggi, quando le spiegazioni neurofisiologiche del comportamento umano sono di nuovo *in voga nelle* scienze umane, la politica e l'antropologia potrebbero essere importanti quanto la neurologia nella nostra comprensione delle connessioni tra la musica e gli stati di trance del nostro tempo.

Come posso sapere se qualcuno stava cercando di ipnotizzarmi?

Il modo migliore per capirlo sarebbe quello di imparare come funziona l'ipnosi. Questo è il modo lungo e sicuro di sapere. Poi si tratta solo di cogliere i segnali che qualcuno sta cercando di ipnotizzarti a tua insaputa.A dispetto di ciò che molti pensano, le persone *possono* essere ipnotizzate senza rendersene conto; questa è l'ipnosi conversazionale e molti grandi leader la usano continuamente (anche se alcuni non se ne rendono conto).Se non vuoi imparare come funziona l'ipnosi ma vuoi comunque sapere se qualcuno sta cercando di ipnotizzarti, fai attenzione ad alcune cose:1) Abbassano o semplicemente cambiano il tono della voce per abbinare un tono più simile alla trance.2) Assorbono completamente la tua attenzione.3) Ti fanno essere d'accordo con molte cose. Questo è conosciuto come il "sì" ed è per farti abituare a dire sì in modo da seguire più facilmente le istruzioni.Ci sono molte altre cose a cui dovresti prestare attenzione, ma sono molto semplici e facili da individuare. Non significa necessariamente che stiano cercando di ipnotizzarti, ma questi insieme sono buoni indizi che potrebbero essere.Un buon modo per contrastare tutto questo sarebbe quello di non concentrarsi troppo su di loro. Jeffrey Stephens, un famoso ipnotizzatore, ha insegnato che basta premere la lingua sul tetto della bocca per distrarsi e non seguire le indicazioni che ti vengono inviate. Finché non si seguono le istruzioni, non si può essere davvero ipnotizzati.

L'argomento ha la risposta.I livelli di coscienza.Gli esseri umani non sono esseri pienamente coscienti.Viviamo sempre mezzi coscienti. Di conseguenza Einstein ha dimostrato che gli umani usano solo il 9% del loro cervello.

Aperto di mente e pienamente consapevole non è la stessa cosa. Quando la tua mente è aperta è aperta al 100%. Ma la vostra coscienza non può mai essere piena. La piena coscienza è riferita al meccanismo divino che conosce i controlli e fa tutto in una volta ed è presente in più luoghi nello stesso tempo.

Il 91% del nostro cervello è già ipnotizzato quando siamo vivi su questa Terra. Cosa cambia se si viene ipnotizzati l'1 per cento in più del cervello. Si può comunque controllare il proprio cervello anche se si dispone dell'1% della propria energia cerebrale.

Per questo motivo, non esiste l'Ipnosi Umana. Nessun potere è mai sufficiente per ipnotizzare un essere umano. Solo gli umani e sempre l'autoipnosi stessa.

L'autoipnosi è l'unico modo in cui l'ipnosi si verifica negli esseri umani. Si possono ipnotizzare completamente gli animali anche se non è la loro volontà, ma nessun potere può ipnotizzare una logica se non è la propria volontà di essere ipnotizzati. La logica umana. Il meccanismo logico cerebrale umano auto-manipolato. Questo non può mai essere completamente ipnotizzato.

Testato e dimostrato nel 1956 attraverso il "Programma di manipolazione del cervello della Bella Addormentata" lanciato dalla CIA per distruggere gli agenti del KGB. E' stato usato anche in Saddam Hussain durante la guerra in Iraq. Si dice che sia stato usato anche in Adolf Hitler, anche se era troppo presto prima dell'inizio del programma.

Come individuare l'ipnosi nascosta

Ecco un bel piccolo FYI per chi cerca di liberarsi dalla programmazione automatica e controllata, compresa la formazione di "opinioni appropriate". Se si prende familiarità con questo argomento, si noterà ogni sorta di persone che cercano di uscire da ogni tipo di situazione utilizzando l'ipnosi segreta. Se vi trovate in una situazione di indignazione, per esempio, e poi qualcuno parla con voi (o con voi) per quindici minuti e poi improvvisamente non riuscite a ricordare perché mai avete provato qualcosa di diverso dall'approvazione per ciò che prima vi indignava... ehm... una specie di segnale d'allarme, soprattutto se l'indignazione riguardava qualcosa come la tortura, il furto, l'omicidio o altri abusi. Un altro segno comune di ipnosi segreta è anche quando si sente un'estrema confusione su qualcosa che normalmente sarebbe molto chiaro - far girare le ruote in non-azione.

"L'ipnosi segreta è molto sottile." E' progettato per spegnere la tua mente analitica. Sfortunatamente per la maggior parte degli studenti, il pensiero analitico non viene più insegnato nelle scuole, e spesso viene fatto nei circoli religiosi, di canalizzazione o spirituali come "non avere fede" o "essere negativo". La fede è uno strumento potente e meraviglioso, ma anche il pensiero critico. Quando integriamo *tutti gli* aspetti della Consapevolezza, possiamo trascendere i tentativi di base di manipolarci per vivere vite più piccole e controllate che non sono il nostro Sé migliore.

Possiamo abbracciare scenari reali e positivi invece di schiaffare un adesivo felice sulle atrocità e chiamare questa passività e non responsabilità "Amore e Luce" o "Illuminazione". Giusto per chiarire, Amore e Luce sono entrambi *estremamente* potenti, ma c'è una differenza tra ignorare, scusare e permettere che l'abuso continui, e permettere che la Luce della Verità e l'Amore Incondizionato continuino a brillare su e in una situazione che produca un reale cambiamento e fornisca alternative tangibili. Sembra ovvio, ma quando si è sotto ipnosi occulta, diventa davvero difficile discernere la differenza.

"Segni che non stai usando la tua mente analitica:

1) Sei completamente assorbito da una conversazione

2) Nella tua mente segui vividamente quello che qualcuno ti dice

3) Accogli le informazioni senza metterne in discussione l'origine e la validità

4) Rispondi con forza al linguaggio emotivamente descrittivo (modelli linguistici)

5) Segui i tuoi sentimenti piuttosto che valutare le decisioni in modo critico".

Come i lettori e i clienti sanno, sono un grande fan dell'attenzione ai sentimenti e all'intuizione; *tuttavia*, sono *anche* un grande fan dell'elaborazione di tutto il cervello e di tutto il cuore. L'Evoluzione Umana incoraggia una maggiore Coscienza e la capacità di riconoscere sottili differenze tra concetti simili come "Comunità", "Unità" e "Collettivismo".